DIE REIHE
Archivbilder

PFULLINGEN

DIE SECHZIGER- UND SIEBZIGERJAHRE

Blick von der Achalm über Pfullingen mit Schönbergturm (793 m.ü.M.) und Wackerstein (826 m.ü.M.), 1957.

DIE REIHE
Archivbilder

PFULLINGEN
DIE SECHZIGER- UND SIEBZIGERJAHRE

Steffen Burgemeister

SUTTON
VERLAG

Umschlagbild: Die Esso-Tankstelle von Wolfgang Zube, dahinter die Gaststätte „Traube" von Erwin Weckerle, 1966. Auf der rechten Seite sieht man die stadteinwärts fahrende Straßenbahn. Die Schienen wurden rund zwei Jahre später auf die andere Straßenseite verlegt.

Sutton Verlag GmbH

Hochheimer Straße 59

99094 Erfurt

www.suttonverlag.de

Copyright © Sutton Verlag, 2008

ISBN: 978-3-86680-335-0

Druck: Books on Demand GmbH, Norderstedt, Deutschland

Inhaltsverzeichnis

Bildnachweis und Dank

Die Aufnahmen in diesem Buch stammen von Albert Burgemeister (1905–1980) sowie seinen Söhnen (Al)Bert (1930) und Günter Burgemeister (1942).

Ich möchte mich recht herzlich bei Bert und meinem Vater Günter Burgemeister bedanken. Mein Dank gilt auch Jakob Bolleber (Musikverein), Erich Brand (Trachtenverein „Echaztaler"), Lore Grauer (DRK), Günther Hecht (Albverein, Harmonikagruppe), Margarete und Theo Heidt (Schwäbischer Albverein, Singgruppe), Werner Kalla (Fußball), Julius Lehmann (Handball), Bernhard Madel (Straßenbahn), Hermann Mollenkopf (Spiel ohne Grenzen), Eva Seeger (Leichtathletikmannschaft), Georg Taigel (Beerdigung Nothdurft), Hilmar Taigel („Eintracht"), Gerhard und Ursula Walker (Spiel ohne Grenzen). Sie haben mir beim Identifizieren der abgebildeten Personen geholfen. Gedankt sei auch denen, die das Buch mit ihren Anekdoten und Geschichten bereichert haben. Nicht zuletzt gilt mein Dank dem „Reutlinger Generalanzeiger" für die freundliche Genehmigung zum Abdruck des Nachrufes auf Seite 124.

Vor allem möchte ich mich ganz herzlich bei Herrn Dr. Hermann Taigel bedanken, der mir auch bei diesem Buch wieder mit Rat und Tat zur Seite gestanden hat.

Das Fotogeschäft Burgemeister in der Marktstraße 33 im Jahre 1963. Hier ist heute das gesamte Bildarchiv der Pfullinger Fotografenfamilie untergebracht. Im Zuge des Aus- und Umbaus der Marktstraße (B 312), die 1968 von 8,5 auf 12 Meter verbreitert wurde, mussten die Vorgärten weichen.

Einleitung

Direkt am Fuße der Schwäbischen Alb im Echaztal liegt Pfullingen, etwa 425 Meter über dem Meeresspiegel. Heute leben hier über 18.000 Menschen. In den 1960er- und 1970er-Jahren erfuhr der Ort einen großen Wandel, der sich auch in der steigenden Einwohnerzahl bemerkbar machte: von 12.675 Einwohnern im Jahre 1958 auf 16.005 im Jahre 1980. Bei der Modernisierung des Innenbereichs der Martinskirche förderten Archäologen sensationelle Funde zutage und konnten so erste Siedlungsspuren bereits in der Zeit um 650 nachweisen.

Die gestiegenen Schülerzahlen machten den Aus- und Neubau von Bildungsstätten erforderlich. Das Friedrich-Schiller-Gymnasium wurde ausgebaut, neu entstanden die Burgwegschule, die Wilhelm-Hauff-Realschule und die Schlossschule.

Neue Wohngebäude und Siedlungen entstanden in den Gebieten Ahlsberg, Ahlbol, Burgweg, Brühl / Kühnenbach, Entensee, Hägle / Spielbach / Steinenbohl sowie Richtung Georgenberg und Seitenhalde.

Durch den Bau bzw. Umbau der Hochbehälter Vor Buch, Ahlsberg, Roßwag und der Karlshöhe sowie den Anschluss an die Bodensee-Wasserversorgung konnte der steigende Bedarf an Trinkwasser gedeckt werden. Zur Reinigung der Abwässer baute man 1965 ein Abwassersammelklärwerk für das obere Echaztal im Gebiet Arbach.

Die Zunahme des Autoverkehrs machte schließlich Änderungen der Straßenführung erforderlich. Neben dem Neubau der Römerstraße und dem Ringverkehr Kirchstraße / Badstraße / Große Heerstraße sei auch an die Verbreiterung der Marktstraße und den Durchbruch im Bereich Große Heerstraße / Klosterstraße (1980) erinnert.

An Bedeutung verloren die durch Wasserkraft angetriebenen Mühlen sowie die Betriebe der Textil- und Lederindustrie (1956 waren es noch 54).

„Pfullingen. Die Sechziger- und Siebzigerjahre" schließt an den ersten historischen Bildband an, der die Zeit von 1907 bis 1957 behandelt. Dieses Buch befasst sich mit dem Zeitraum von 1958 bis 1980. In diesen Jahren ist viel passiert und natürlich kann bei einem Archivbestand von mehreren 10.000 Fotografien nicht alles gezeigt werden. Dennoch habe ich mich um eine ausgewogene und ansprechende Auswahl bemüht. Die erläuternden Texte basieren auf dem Studium der lokalen Zeitungen, städtischen Akten, verschiedenen Festschriften und Heimatbüchern sowie zahlreichen mündlichen Auskünften.

Mit der Verbesserung der Kamera- und Filmtechnik nahm auch die Anzahl der Fotografien zu. Ein Beispiel: Beim Bergfest im Jahre 1921 bannte Firmengründer Albert Burgemeister etwa zehn Aufnahmen auf 10x15 Zentimeter große Glasplattennegative. 1959 waren es beim gleichen Anlass etwa 20 Kleinbildfilme, also über 700 Einzelaufnahmen. Zum Einsatz kam hierbei ein Vorläufer der Kleinbildkamera, eine „Leica" („Leitz-Camera"). Sie war klein, handlich, verwackelungssicher (Sucherkamera) und bot sogar die Möglichkeit, Objektive zu wechseln. Die Verbesserung der Filmempfindlichkeit erleichterte das Fotografieren schnell beweglicher Objekte, wie zum Beispiel im Bereich des Sports.

Sämtliche Aufnahmen dieses Bildbandes stammen von Albert Burgemeister – dem Sohn des gleichnamigen Firmengründers – sowie in dritter Generation von (Al)Bert und Günter Burgemeister. Wie der Firmengründer, so haben auch sie die Entwicklung der Stadt kontinuierlich im Bild festgehalten – eine Tradition, die der Autor dieses Buches in vierter Generation weiter fortführen wird.

Pfullingen, im Mai 2008
Steffen Burgemeister

Albert Burgemeister (1905–1980), der Sohn des gleichnamigen Firmengründers, führte das Pfullinger Geschäft in der Marktstraße 33 von 1940 bis zu seinem Tod im Jahre 1980. Dieses Foto entstand 1963.

(Al)Bert Burgemeister (geb. 1930) führte sein Fotogeschäft in der Kirchstraße 6 in Pfullingen von 1957 bis 2000. Hier ein Bild von 1978.

Günter Burgemeister (geb. 1942), hier im Jahre 1965, führte sein Fotogeschäft in der Hauptstraße 20 in Eningen unter Achalm von 1966 bis 2007.

1

Es war einmal …

Die Badstraße auf Höhe des Lebensmittel-, Feinkost- und Spielwarenladens von Ulrich Schlegel (Klosterstraße 1). Links die Einfahrt zum Laiblinsplatz mit dem Haus des Buchbinders Julius Nill am Laiblinsplatz 3, rechts davon das Fachgeschäft für Rundfunk und Fernsehen von Wilhelm Hettler in der Kirchstraße 22 und die Häuser um den Wickenhof, 1958.

Blick vom Wasen auf Pfullingen, um 1958. Links im Vordergrund ist das „Waldcafé" in seinem alten Erscheinungsbild zu erkennen. Das Gebiet Seitenhalde war noch nicht bebaut, die letzten Häuser am Fuße des Georgenbergs waren die der Schlossgartenstraße.

Das „Echazhotel" in der Zeppelinstraße 19 mit Sigelbier-Werbung am Eingang. Das von Hermann Schwenzer geführte Haus hatte mehrere Fremdenzimmer mit insgesamt acht Betten. Hier eine Aufnahme von 1958.

Da es in der unübersichtlichen Kurve auf Höhe der Sandstraße sehr häufig zu Unfällen kam, entschied man sich zur Verbreiterung der Klosterstraße. Im Park der Gebr. Burkhardt (mittleres Werk) wurden Bäume gefällt. Auf der linken Seite ist der Benzin-Benzol-Vertrieb (Aral) von Rosa und Gerhard Boley in der Klosterstraße 96 zu sehen. Die Steinmauer an der rechten Straßenseite war 1958, als dieses Bild entstand, schon abgetragen.

Blick in die Gönninger Straße, 1958. Ganz rechts ist noch die Ecke des Hauses von Schmied Ludwig Tröster sen. (Nr. 2) zu erkennen. Das Häuschen mit den geschlossenen Fensterläden an der Einfahrt zur Klemmengasse 4 war das Eichamt, es wurde 1962 abgebrochen. Danach folgen die Schuhmacherwerkstatt von Stefan Abele (Nr. 8), die Teigwarenfabrik von Gottlieb Keppler (Nr. 10) sowie das Sattler- und Tapeziergeschäft von Theodor und Gottlieb Heinlin (Nr. 12).

„Ski Heil" auf dem gut besuchten Wasenhang im Januar 1959. Viele nahmen die Mühe auf sich und liefen mit ihrer Skiausrüstung von der Pfullinger Innenstadt bis zum Wasen hinauf. Hier angekommen, konnte man den ganzen Tag Ski fahren, später im „Waldcafé" (links oben) einkehren und abends bis in den Ort hinunterfahren.

Blick auf Pfullingen vom Georgenberg auf Höhe des Schwalbenwegs, 1959. Im Vordergrund sind die Weinreben eines Weinberges zu erkennen, darunter die Lederfabrik J.J. Schlayer (später Silber und Schlayer) und am gegenüberliegenden Ursulaberg das neue Baugebiet zwischen Zeilstraße und Häglenstraße. Das größte Haus der obersten Reihe ist die neuapostolische Kirche in der Gottfried-Maier-Straße 24.

Partie auf der Planie, 1959. In Haus Nr. 5 befand sich von 1650 bis um 1920 der Gasthof „Zum Hirsch", später eine Abteilung der Landespolizei. Das vordere Haus in der Kirchstraße 4 gehört Buchbinder Heinrich Schumacher, in der Mitte verdeckt ein Kastanienbaum das Gasthaus „Rössle", daneben das Kriegerdenkmal. Dahinter sieht man das Rathaus II und unter dem Blätterdach der Kastanienbäume eine Fensterreihe von Rathaus I.

Zwei Radfahrer unterwegs auf der im Ausbau befindlichen Bundesstraße 312, hier auf Höhe der Pfullinger Hallen, 1959. Im Graben hinter dem Randstein wird die neue Wasserleitung nach Reutlingen verlegt, auf dem Feld vor der Fabrik stehen Weizengarben zum Trocknen. Die Kamine gehören zur Firma Gebr. Burkhardt.

Blick von der Klosterstraße auf den Laiblinsplatz mit der Endhaltestelle der Pfullinger Straßenbahn und überdachte Wartebänke mit einer Telefonzelle neuester Bauart. Links sieht man das Textil- und Kurzwarengeschäft von Emma Waiblinger, hinter dem Verkehrsschild das Café Schwenzer (heute „City-Treff"), rechts daneben das Spiegel'sche Haus, das 1964 abgebrochen wurde. Aufnahme von 1959.

Bergfest auf der Wanne am 5. Juli 1959. Die Männer veranstalteten auf der Hochwiese Freiübungen und verschiedene sportliche Wettkämpfe, darunter Bodenturnen, Barren- und Reckturnen, Hürdenlauf, Schleuderball, Weitsprung aus dem Stand, Hochsprung und Fechten.

Riegeneinteilung vor den Einzelwettkämpfen. Bei strahlendem Sonnenschein nahmen am 5. Juli 1959 über 500 Turnerinnen und Turner an den verschiedenen Wettkämpfen teil. Am Ende des Tages erhielten die bestplatzierten Sportler Siegerkränze. Sechs Jahre später (1965) war das Schwabenbergfest auf der Wanne nach Teilnehmer- und Besucherzahlen das größte dieser Art in der Bundesrepublik.

Kanalisationsarbeiten in der Zeppelinstraße, 1959. Die Verlängerung der Zeppelinstraße bis zum Lindenplatz sollte die Hauptstraße entlasten und wurde 1961 für den Verkehr freigegeben.

Hofeinfahrt gegenüber der heutigen Wohnanlage Klostergarten, 1960. In der Klosterstraße 35 (rechts) führte Richard Munz eine Kfz-Reparaturwerkstatt und eine BV-Aral-Tankstelle, später betrieb hier (und in der Brunnenstraße 7) der Franzose Robert Picard, ein ehemaliger Kriegsgefangener, eine Kfz-Werkstatt und einen Simca-Autohandel.

Die Briefumschlag- und Buchdruckfabrik Robert Blessing in der Kaiserstraße, 1960. Das Teilstück von der Bismarckstraße zur Braikestraße wurde erst im November 1971 für den Durchgangsverkehr freigegeben. Die Kaiserstraße ist seitdem eine der längsten Straßen Pfullingens innerhalb des Stadtgebietes. Sie führt in einem fast geradlinigen Verlauf von der Arbachstraße bis zur Schulstraße.

Blick vom Lindenplatz zur Großen Heerstraße und Schulstraße, 1960. Links erkennt man noch den ehemals alkoholfreien Gasthof „Zum Lamm" von Jakob Staiger, daneben Haus Kullen mit der Milchhandlung von Ernst Hipp. Beide Häuser wurden 1971 abgebrochen, um dem Neubau der Kreissparkasse (1975) Platz zu machen. Das Haus Kinkelin (ehemals Damenschneiderei und Textilhandel) in der Großen Heerstraße 1 fiel 1978 dem Abrissbagger zum Opfer.

Das Haus Spieth neben dem 1910 errichteten Lindachbrunnen in der Lindachstraße 108 (heute Wörthstraße) gehörte zum Areal der Lederwarenfabrik Carl Hepting & Co. Aufnahme von 1960.

Eine von vielen Wasserfallen, die zur Bewässerung einzelner Grundstücke genutzt wurden, im heutigen Industriegebiet Steinge, 1960. Durch aufwendige Drainagearbeiten konnten die „Wasserwiesen" trockengelegt und 1966 für das Gewerbegebiet Steinge (Nordstadt) erschlossen werden.

Die 1959 gegründete Reiterkameradschaft Pfullingen legte im Klostergarten vor der Klosterkirche einen eigenen Reitplatz an. Auf der linken Seite das Progymnasium (heute Friedrich-Schiller-Gymnasium), im Hintergrund der 602 Meter hohe Georgenberg. Aufnahme von 1961.

Am 5. April 1961 fand im Farrenstall (zwischen Friedrichstraße und Seitenstraße) die Hauptkörung der Eber und Ziegenböcke des Kreises Reutlingen statt. Man sieht rundum zufriedene Gesichter der Körkommission beim Beschauen dieses Ziegenbocks der Stadt Pfullingen. In dieser Zeit spielten Ziegen bei der Ernährung noch eine große Rolle.

Straßenarbeiter bei Belagsarbeiten am Lindenplatz vor dem Modehaus Sommer und Volk am 20. April 1961. Gut zu sehen ist das Wartehäuschen der Straßenbahn auf der Lindenplatzinsel, wo Ludwig Klaiber seine Toto-Annahmestelle betrieb. Die Neugestaltung des Platzes erfolgte 1968. Im Hintergrund erkennt man das Gasthaus „Löwen" der Familie Gottfried Preusch.

Blick von der Kreuzung Stuhlsteige in die Gönninger Straße, 1961. Auf der linken Seite steht noch das alte Forsthaus, das im März 1967 abgebrochen wurde, um dem Strickereihochhaus von Gerhard Böhmler Platz zu machen. In dem Haus auf der rechten Seite gründete Anton Mayr um 1893 die Mineralwasserfabrik Pfullingen. Die Familie wird daher auch heute noch „Soda-Mayr" genannt.

Im September 1961 wurde es eng vor dem evangelischen Schwesternwohnheim (links) und dem Haus Fritz Bausinger (rechts) in der Marktstraße: Ein französischer Tieflader der Firma mit Bergepanzer und Minenverleger auf einem „AMX 30"-Unterbau nahm fast die ganze Straßenbreite ein.

Mit einem erlegten Wildschwein kamen diese Jäger am 17. März 1962 von der Jagd zurück. Von links: Walter Wohnus, Kurt Trautwein, Karl Eißler (neben seinem „Karman-Ghia") und Kurt Walz. Auch im Kofferraum (vorn) wurde ab und zu ein Stück Wild transportiert, wie auf dem kleinen Bild mit Elfriede Burgemeister und Karl Eißler zu sehen ist.

Der direkte Weg auf den zierlichen Berg-
kegel des Georgenbergs. Auf der Spitze
der aus tertiärem Vulkantuff bestehenden
Erhebung hat man einen grandiosen Rund-
blick. Bis Anfang der 1960er-Jahre wurde
um den gesamten Georgenberg Weinanbau
betrieben. Im Jahr 1700, als noch sage und
schreibe 89 Weinbauern in der Pfullinger
Weingärtnerzunft organisiert waren, reich-
ten die Weinberge sogar bis zur heutigen
Römerstraße. Diese Aufnahme entstand
im Frühjahr 1962.

Untergrundprüfung in der Marktstraße auf Höhe der Villa Landenberger im August 1962. Die
Prüfung stand vermutlich in Zusammenhang mit dem späteren Umbau der Marktstraße und der
bevorstehenden Verlegung des Straßenbahngleiskörpers.

Dieser Kinderfestumzug bewegte sich am 7. Juli 1963 durch die Große Heerstraße. Die Häuser im Hintergrund wurden im Zuge der Umgestaltung des Stadtkerns 1979 abgebrochen.

Gebäudefront mit Brunnen im Schlossareal, 1965. Die Gebäude und der Brunnen mussten 1967 dem Neubau der Schlossschule weichen. Einige Meter weiter verläuft heute auf der linken Seite die Römerstraße.

Blick von der Gaststätte „Traube" in der Marktstraße auf die zwei gegenüberliegenden Häuser, links Malergeschäft Rehm (Nr. 25), daneben Haus Laub (Nr. 27). Sie wurden im März 1969 abgerissen, Haus Nr. 19 (hier nicht im Bild) folgte 1970. Die Aufnahme entstand 1965.

Die vermutlich 1450 erbaute Klostermühle im Klostergarten, 1966. Der Stadtrat beschloss am 24. Oktober 1967, die Klostermühle wegen angeblich schlechten Zustands des gesamten Gebälks abzubrechen. Die Männer des Technischen Hilfswerks (THW) führten die Abbrucharbeiten im März 1968 durch.

Bürgermeister Kurt App mit den Gemeinderäten Erich Möck (Ehrenbürger der Stadt Pfullingen), Eugen Mutschler, Johannes Fink (General a.D.) und anderen bei einer Besichtigung des Marktstraßenausbaus am 20. Juni 1968. Zum Teil kann man vorne noch die alten Straßenbahnschienen sehen. Im Hintergrund ist bereits der neue Gleiskörper fertig.

Das 485 Meter hoch gelegene Wasserreservoir auf der Karlshöhe wurde am 14. September 1907 feierlich eingeweiht und war Ausgangspunkt der Pfullinger Hochdruckwasserleitung. Diese Aufnahme von 1969 zeigt den seitlichen Treppenaufgang zur Aussichtsplattform. Der Wasserbehälter wurde 1976 modernisiert. Die Wasserspeicher Ahlsberg und Vor Buch konnten 1968 bzw. 1969 fertiggestellt werden. 1973 wurde das Wasserwerk Roßwag (Bodenseewasserversorgung) eingeweiht.

Das Wohnhaus „Schloss" in der Römerstraße wurde 1971 abgerissen. Auf dem freien Platz entstand ein kleines Sportgelände. Für den Neubau der Schlossschule (rechts hinten) mussten sieben alte Gebäude weichen. Aufnahme vom 2. März 1971.

Bauer Alfred Volk (Vater von Frieder Volk) beim Umpflügen auf der Röt, 1972. In den 1930er- und 1940er-Jahren führte das Militär auf dem freien Platz der heutigen Laiblinschule Pferdemusterungen durch. Wer ein zweites Pferd hatte, musste es dem Militär zur Verfügung stellen. Ausnahmen gab es für Pferdehalter, die Langholzfuhren für das Sägewerk Gebr. Volk machten, denn den steilen Klosterbuckel konnte man nur mit zwei Pferden bewältigen.

Blick vom Kirchturm der Martinskirche über die Josefstraße zum Schloss, um 1956. Zu diesem Zeitpunkt standen die Häuser der „Helferei" und in der Josefstraße noch. Das Feuerwehrhaus gab es noch nicht. Rechts hinter dem alten Schloss kann man einige Gebäude der Schuhfabrik J.J. Schlayer AG erkennen.

Dasselbe Motiv wie oben, nur 16 Jahre später. In der Bildmitte der Neubau der Wilhelm-Hauff-Realschule. Auch das 1957 eingeweihte Feuerwehrhaus ist nun zu sehen und auf dem Gelände hinter dem alten Schloss ragt die Turnhalle der Schlossschule hervor. Die Bebauung am Fuße des Georgenbergs war zu diesem Zeitpunkt schon weiter vorangeschritten.

Hier eine Aufnahme des 1892 im Chaletstil erbauten Pfullinger Bahnhofs, der 1983 geschlossen wurde. Im ehemaligen Hauptgebäude befindet sich heute der Gasthof „Alter Bahnhof". Die Schienen wurden 1983 entfernt, auf der ehemaligen Zugtrasse verläuft nun ein geteerter Fuß- und Radweg durch das Echaztal auf die Albhochfläche. Im Hintergrund links ist der Giebel der ehemaligen Bahnhofsgaststätte zu erkennen. Aufnahme von 1972.

Am Gleisübergang befanden sich zwei Drehkreuze, durch die Fußgänger von der oben verlaufenden Eisenbahnstraße in die Große Heerstraße gelangen konnten. Aufnahme von 1973.

Auf der Planie hat ein Röntgenwagen Stellung bezogen, 1973. Von Zeit zu Zeit führte das Gesundheitsamt bei Erwachsenen Röntgenuntersuchungen durch, die der Tuberkulosevorsorge dienten.

Blick aus dem Fotogeschäft Burgemeister in der Marktstraße 33 auf „Rickers Platz" im Jahre 1974. Nachbar Willy Schilling jun., der in der Schlossgartenstraße 106 einen Abschlepp- und Bergedienst leitete, rückt gerade mit zwei Kranwagen zu einem Einsatz aus. Links unten sind einige Gebrauchtwagen der Firma Siegfried und Edeltraut Eitel (Marktstraße 35) zu sehen, auf der gegenüberliegenden Straßenseite die Gaststätte „Deutsches Haus".

Blick von der Klosterstraße auf „Schlegels Bückele", 1974. Das Wohnhaus Kraußstraße 1 musste 1978 bei Bau der Verbindung von der Großen Heerstraße zur Klosterstraße weichen. In dem Backsteingebäude Kraußstraße 3, rechts hinter dem Baum, befand sich die Lohnspulerei von Wilhelm Losch. Heute hat hier das Vermessungs- und Ingenieurbüro Herrmann und Mang seinen Sitz.

Für das Bockbierfest im Herbst 1976 baute die Sigelbrauerei ein Festzelt auf dem Parkplatz des Großmarktes Schwörer (heute Kaufland) auf. Der Musikverein sorgte für die musikalische Unterhaltung. Die Personen des Bierausschanks mussten schriftlich bestätigen, dass sie selbst kein Bockbier konsumierten.

Wilhelm Haydt (1908–1992), der letzte aktive Pfullinger Müller, beim Säubern des Mühlsteins. Die Mühle Haydt stand über 250 Jahre am 3/8-Kanal im „Fetzenhannesen-Gässle" bzw. „Gaissengässle" und wurde im Februar 1979, im Zuge des Durchbruchs von der Großen Heerstraße zur Klosterstraße, abgebrochen. Die alten Steinmahlgänge können heute noch im Inneren des Mühlenmuseums Baumannsche Mühle besichtigt werden. Aufnahme von 1978.

Nur einige Meter weiter am 2/8-Kanal in der Großen Heerstraße 40a entstand vermutlich um 1709 eine Lohmühle, die 1884 durch die hier abgebildete Gipsmühle ersetzt wurde. Die Mühle musste 1982 dem Projekt „Wohnpark Klostersee" weichen. Das Wasserrad hat einen Durchmesser von fünf Metern. Es wurde restauriert, mit breiteren Schaufeln versehen und ist heute ebenfalls in das Mühlenmuseum Baumannsche Mühle integriert. Aufnahme von 1980.

2

Kirche

Blick auf die Friedenskirche in der Wolfgangstraße. Im hinteren Teil ist noch der alte Saal mit den gotischen Fenstern zu sehen, der 1960 – zwei Jahre nach dieser Aufnahme – umgebaut wurde. Im Hintergrund rechts erkennt man das Haus Bezler in der Schlossstraße 8 (vgl. Seite 100).

Kirchgang der Konfirmanden der unteren Stadt (Nordstadt) in der Badstraße am 16. März 1958. Der Zug bewegte sich in Richtung Große Heerstraße, bog dann ab auf die Planie und zog mit musikalischer Untermalung des Posaunenchors in die Martinskirche ein. An diesem Tag erteilte Pfarrer Karl Reustlen 23 Knaben und 38 Mädchen die Konfirmation.

Konfirmandinnen der unteren Stadt in der Großen Heerstraße am 16. März 1958. Eine Woche später konfirmierten die Pfarrer Scheytt und Poglitsch 33 Knaben und 36 Mädchen aus der Ost- und Weststadt. Hinzu kamen drei Konfirmandinnen der Neuapostolischen Kirche sowie vier Knaben und drei Mädchen der Evangelischen Gemeinschaft. Im Hintergrund ist das 2006 abgebrochene Haus Adolf Steinhilber in der Großen Heerstraße 7 zu erkennen.

Eine Personengruppe verfolgte im September 1960 das Richtfest des Jakob-Albrecht-Hauses, eines Freizeit- und Schulungsheims der Evangelisch-methodistischen Kirche. Es befindet sich im Gebiet Roßwag auf einer Höhe von 509 Metern.

Ein Blick auf das über Pfullingen liegende Jakob-Albrecht-Haus, das am 22. Juli 1961 eingeweiht werden konnte. Hier fanden zahlreiche Jugendfreizeiten und Zeltlager statt. In den 1990er-Jahren nutzte man das Haus vorübergehend als Pflegeheim (1995–1997). Heute betreibt das Lebenszentrum Ebhausen hier eine Einrichtung für ehemalige Suchtkranke.

Richtfest des Freizeitheims des Evangelischen Jungmännerwerks (CVJM) im Gewann „Brönnlesteich" am 8. Oktober 1961. In Eigenleistung von Alt und Jung wurde der Rohbau in nicht einmal sechs Wochen erstellt.

Bereits ein Jahr später, nach 14-monatiger Bauzeit, konnte das Freizeitheim feierlich eingeweiht und seiner Bestimmung übergeben werden. Die Festrede hielt Prof. Dr. Lamparter, der Vorsitzende des Evangelischen Jungmännerwerks, den musikalischen Rahmen lieferte der Posaunenchor.

Die Frauen bei den Vorbereitungen für Kaffee und Kuchen. Das Heim bietet im Erdgeschoss einen 50 Quadratmeter großen Spielraum mit Gruppenzimmern, im ersten Stock befinden sich ein ebenfalls 50 Quadratmeter großer Aufenthaltsraum, das Leiterzimmer, die große Wirtschaftsküche und die Eingangshalle, im zweiten Stock zwei große Schlafsäle und je ein Vier-, Drei- und Zweibettzimmer. Aufnahme vom 7. Oktober 1962.

Am selben Tag entstand dieses Bild mit den Pfarrern Reinhold Elser und Hans Dieter Schaible (von links). Beim Blick aus dem Fenster sieht man die Außenanlage, einen Sportplatz für Handballturniere, einen großen Spielplatz und einen kleinen Kinderspielplatz. Aus einer alten Altarstufe der Martinskirche schuf Steinhauer Albert Etter einen Wegweiser zum Jugendheim. Seit 1963 leuchtet den Besuchern dieser helle Sandstein entgegen.

Blick von der Empore auf den Innenbereich der Martinskirche. Das Tübinger Landesamt für Denkmalpflege führte hier 1962/63 im Zuge einer umfassenden Renovierung Ausgrabungsarbeiten durch. Dabei fand man auch Spuren der ältesten von insgesamt vier Kirchenanlagen. Um 650 stand hier eine Holzkirche, die um 800 durch eine karolingische Saalkirche und um 950

durch eine frühromanische Kirche mit Querhaus ersetzt wurde. Um 1150 entstand schließlich eine dreischiffige, romanische Basilika. Der spätgotische (heutige) Chor geht auf das Jahr 1463 zurück. Das Kirchenschiff wurde 1580 neu gebaut, 1890 umgebaut und 1962/63 umfassend renoviert.

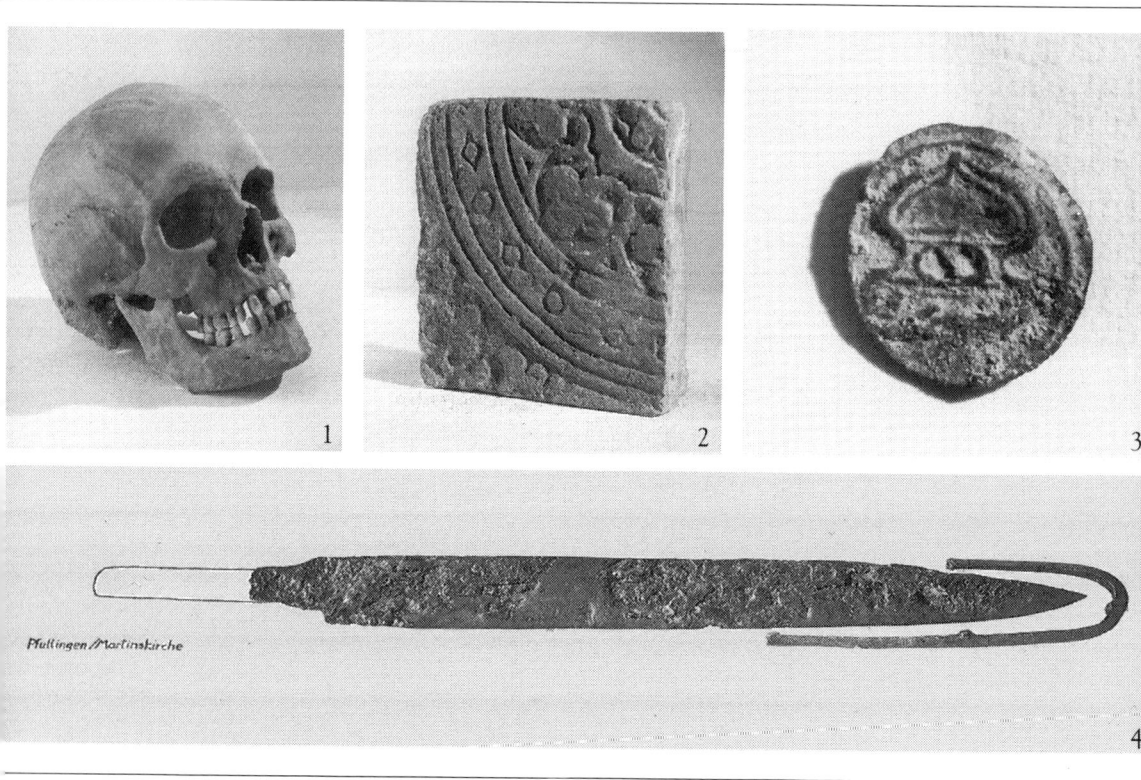

1 Einige Fundstücke der Ausgrabungsarbeiten in der Martinskirche, links ein Schädel aus dem Grab eines unbekannten Adligen oder Vogtes aus der Zeit um 1300. Deutlich zu erkennen ist ein vernarbter Schwerthieb von vier Zentimetern Länge und einem Zentimeter Breite.
2 Der gebrannte Bodenziegel mit gotischem Zierrat auf der rechten Seite stammt aus der Zeit um 1400.
3 Ebenfalls zu den Fundstücken zählt diese Münze ...
4 In zwei Metern Tiefe unter dem Kirchenschiff entdeckten die Archäologen dieses Alamannen-Sax (Schwert), an dessen Spitze noch die Metallverstärkung der Messerscheide zu erkennen ist.

Als Stützkonstruktion wurde im Inneren ein Wald aus Balken und Stangen eingebaut. Die Fotografie entstand im März 1963.

Arbeiter beim Verlegen der neuen Bodenplatten im Mai 1963. Bei der Neugestaltung erhielt die Kirche eine neue Öl-Umluftheizung, das Gestühl und die Holzkassettendecke wurden erneuert, die Kanzel verlegte man auf die linke Seite. Außerdem installierten die Arbeiter ein neues Beleuchtungssystem, eine Lautsprecheranlage und eine automatische Glockenläuteanlage. Der Taufstein von 1890 wurde durch den 800 Jahre alten Taufstein aus der romanischen Kirche ersetzt.

Ungewohnter Kirchgang der Konfirmanden von Pfarrer Reinhold Elser und Hans Dieter Schaible am 10. März 1963. Wegen der Umbaumaßnahmen in der Martinskirche wurde die Konfirmation in die Friedenskirche (siehe Seite 33) verlegt. Hier überquert der Zug gerade den Lindenplatz, im Hintergrund sind das Modehaus Sommer & Volk, das Farbengeschäft Erich Hornig (heute D'r Pfullinger Obst- und Gemüseladen) und die Metzgerei Karl Hagmaier zu sehen (von rechts).

Die Konfirmandinnen am selben Tag auf dem Weg durch die Schlossstraße kurz vor dem Einzug in den Saal der Friedenskirche. Im Hintergrund erkennt man das Eiscafé am Lindenplatz (siehe Seite 61).

Nach über 15 Monaten konnte die renovierte Martinskirche am 21. Juli 1963 eingeweiht werden. Bild 1: Die Gemeindepfarrer Reinhold Elser, Johannes Poglitsch und Hans Dieter Schaible (von links). Bild 2: Pfarrer Hans Dieter Schaible am Rednerpult auf der Planie. Bild 3: Gemeinderat und Stadtverwaltung in der Kirche. Bild 4: Pfarrer Hans Dieter Schaible und Prälat Pfeifle, dahinter die Kirchengemeinderäte Talmon-Gros und Müller. Bild 5: Herr und Frau Burkhardt im Gespräch. Bild 6: Die Architekten Witzgall und Lochmann. Bild 7: Hans Speidel (links), Herbert Heinze (rechts) und Pfarrer Josef Landsteiner (Mitte). Bild 8: Pastor Schwaiger spricht in der vollbesetzten Kirche.

Die Pauluskirche in der Friedrichstraße wurde am 28. März 1965 eingeweiht. Der genormte Behelfsbau war Eigentum der Evangelischen Landeskirche und konnte jederzeit abgebaut und an anderer Stelle wieder aufgestellt werden. Im Innenraum fanden rund 250 Personen Platz. Die Glocke über dem Eingang trug die Aufschrift „Geheiligt werde dein Name". Im Juli 2005 wurde die marode Pauluskirche abgerissen.

Einweihung der neuen Einsegnungshalle auf dem Friedhof am 3. November 1966 (Volkstrauertag). Von links: Bürgermeister Kurt App, Pfarrer Hans Dieter Schaible, der katholische Pfarrer Josef Landsteiner, Karl Rilling, Diplomingenieur Johannes Fink (General a.D.), Ernst Rall und Willy Wörner.

Einweihung der Burgwegkirche (heute Magdalenenkirche) am 29. Oktober 1967. Im Vordergrund der freistehende Glockenturm des neuen Gotteshauses.

Am selben Tag entstand dieses Bild mit Pfarrer Hans Dieter Schaible (rechts außen) und Bürgermeister Kurt App (Dritter von links). Für die musikalische Untermalung der Einweihungsfeier sorgte der Posaunenchor.

Die Martinskirche vom Prix-Supermarkt (früher Central-Kino, heute betreutes Wohnen „Haus am Stadtgarten") in der Großen Heerstraße 9 aus gesehen, mit Blick auf die Häuser der Kirchstraße sowie Rathaus I und II. Die Baugrube für das Paul-Gerhardt-Haus und die Stadtbücherei wurde damals – im Januar 1980 – gerade ausgehoben.

Fronleichnam 1958. Bei schönstem Wetter begann im Garten der St.-Wolfgangs-Kirche, wo der erste Altar errichtet worden war, die Prozession, an der auch 22 Entlassschüler und die 17 Erstkommunikanten vom Weißen Sonntag teilnahmen. Der nächste Altar stand in der Braikestraße an der Abzweigung Burgstraße, ein weiterer blumengeschmückter im Pavillon des Stadtgartens. Die alte St.-Wolfgangs-Kirche wurde 1970 abgebrochen.

Bischof Dr. Carl Joseph Leiprecht bei der heiligen Firmung in Pfullingen am 13. Mai 1959. Im Hintergrund sieht man Albert Burgemeister mit einer „Leica" und Stabblitzgerät.

Fronleichnamprozession mit Kommunionskindern bei schönstem Wetter im Stadtgarten am 28. Mai 1959. Angeführt von der Stadtkapelle lief der Zug von der St.-Wolfgangs-Kirche durch die Braikestraße über die Bahnhofstraße bis zum Stadtgarten.

Fronleichnamsprozession am 28. Mai 1964. Unter dem Baldachin geht der im Oktober 1958 neu eingesetzte katholische Pfarrer Josef Landsteiner mit der Monstranz in den Händen. Im Hintergrund rechts sind die alten Häuser der Braikestraße zu sehen, die im April 1970 wegen des Neubaus der katholischen St.-Wolfgangs-Kirche abgebrochen wurden.

Am 31. Oktober 1970 konnte an der Ecke Marktstraße und Braikestraße der Grundstein für die neue katholische St.-Wolfgangs-Kirche gelegt werden. Von rechts Dekan Nagel, Pfarrer Josef Landsteiner und am Rednerpult Architekt Rainer L. Neusch aus Rottenburg.

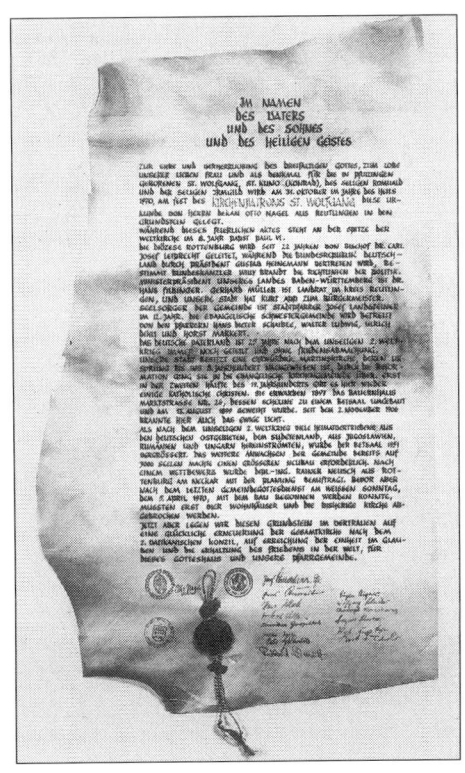

„Im Namen des Vaters und des Sohnes und des heiligen Geistes ..." Unter anderem legte man diese Urkunde in den Grundstein ein. Beurkundet wurde der Text und mit den Siegeln des Dekanatamtes Reutlingen, des Pfarramtes Pfullingen und der Stadt Pfullingen. Hinzu kam der Abdruck eines Stadtsiegels aus der Zeit um 1500.

Wegen des Neubaus der St.-Wolfgangs-Kirche musste die Kommunion am 16. Mai 1971 in der Martinskirche vollzogen werden. Hier schreiten die Ministranten gerade vor Pfarrer Josef Landsteiner aus der Hirschschule auf die Planie heraus, um sich zur Martinskirche zu begeben.

Einige Kommunionskinder am Ende des Zuges beim Überqueren der Planie kurz vor dem Einzug in die Martinskirche.

Alfred Walz von der Turmuhrenfabrik in der Großen Heerstraße 38 montiert eine Glocke im Glockenturm der katholischen St.-Wolfgangs-Kirche. Die Fabrik befindet sich heute in der Dieselstraße 9.

Die fertiggestellte katholische St.-Wolfgangs-Kirche von der Kaiserstraße aus gesehen, 1972. Auf der linken Seite sind der Georgenberg und darunter die Terrassenhäuser im Drosselweg zu erkennen.

Bürgermeister Kurt App überreichte den Kindern des katholischen St.-Josef-Kindergartens (eingeweiht am 11. November 1961) am 20. Dezember 1980 Weihnachtsgeschenke.

3

Cafés und Gaststätten

Blick in die Griesstraße, um 1955. Im dritten Haus auf der rechten Seite (Nr. 29) führte Hermann Kleinknecht (später Otto Klein) die Gastwirtschaft „Zum Schloss". Ein Haus weiter Richtung Stadtmitte sieht man die von Rosa Seeger gepachtete Gastwirtschaft „Sonne" in der Großen Ziegelstraße 1, hier noch mit Spitzdach auf dem Erker.

Wirtschaft „Zur Schwane" in der Heerstraße 39, wo der Stadtbach um 1955 noch überirdisch verlief. Die Wirtschaft führte Luise Sommer geb. Eber, die Schwägerin von Kronenwirt Adolf Sommer. Hier fand 1904 der erste Auftritt des Männergesangvereins „Eintracht" statt.

Café „Möwe" in der Josefstraße 5/1, im Volksmund auch Café „Hemd hoch" genannt, um 1956. Unter der Regie von Helene Götz, die darin zusätzlich ein Lebensmittelgeschäft betrieb, traf man sich hier zum Tanz. Ab und an verkehrten aber auch zwielichtige Gestalten in diesem Lokal. Das Gebäude musste dem Erweiterungsbau der Wilhelm-Hauff-Realschule weichen. Im Hintergrund ist die Mühle von Martin Baumann (heute Mühlenmuseum) zu sehen.

Als diese Aufnahme entstand, um 1958, führte Karl Schwille Gasthaus und Weinstube „Spittel"
in der Kleinen Ziegelstraße 28. Sein Nachfolger wurde in den 1960er-Jahren Paul Kober. Im Haus
links daneben, in der Gönninger Straße 30, war das Lebensmittelgeschäft Kemmler. Heute ist
hier das Geschäft „Beim Südtiroler" von Michael Villgrattner zu finden.

Die Gastwirtschaft „Rössle" in der Kirchstraße 2 zwischen Rathaus II (rechts) und Buchbinderei
Heinrich Schuhmacher war nachweislich über 400 Jahre im Besitz der Familie Rehm. Später
übernahm Heinrich Schwille die Wirtschaft. Die Fotografie entstand im Mai 1960. Das Gasthaus
wird auch heute noch betrieben.

Das Gasthaus „Krone" in der Klosterstraße 2 im Juli 1958. Um 1620 hatte man das Gebäude noch als Badestube genutzt. Seit 1738 befindet sich hier das weit bekannte Gasthaus. Gut zu sehen ist der historische Erker mit den Halbreliefs, die Herzog Ulrich und Georg von Sturmfeder sowie Schloss Lichtenstein zeigen. Im Anbau links betrieb Rolf Epple von 1947 bis 1961 ein Kino. Das 1740 erbaute Pfarrhaus am Laiblinsplatz ist rechts hinten zu sehen.

Im Erkerzimmer der „Krone" hatten Tübinger Studenten zahlreiche Sprüche in den rustikalen Tisch eingekerbt. Hier ließ Wilhelm Hauff in seinem Roman „Lichtenstein" den Ritter Georg von Sturmfeder Platz nehmen. Nach dem Tod von Jakob Sommer führte Sohn Adolf mit seiner Gattin (geb. Wörner) das Gasthaus weiter. Im Erdgeschoss betrieb Maria Trapp eine Fachdrogerie, das Blumenhaus am Laiblinsplatz gehörte Helmut Renz.

Das Gasthaus „Krone" hatte mehrere Fremdenzimmer mit insgesamt 22 Betten. Anfang der 1960er-Jahre befand sich hier ein Jazzkeller. Bei Livemusik von Jazz bis Rock and Roll wurden die wilden Jahre gefeiert ...

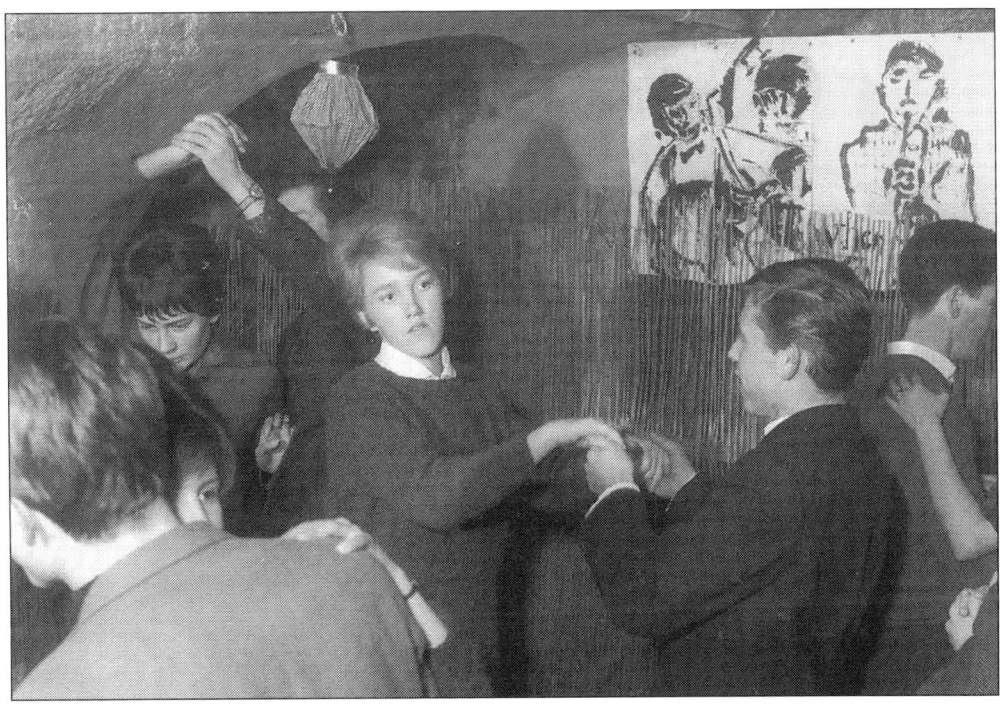

... und getanzt. Im September 1968 wurde das Krone-Areal abgebrochen. In dem Neubau ist heute die Konditorei und das Café List zu finden.

Blick von der Schulstraße auf Höhe des Friedhofs in die Karlstraße, um 1958. Im zweitletzten Haus auf der linken Seite (Nr. 7), mit Sigelbier-Schild und überdachtem Eingang, ist die von Karl Schwille geführte Gaststätte „Schützen" erkennbar. Das Gebäude wird heute als Wohnhaus genutzt.

Gasthaus „Zur Achalm" in der Achalmstraße 68, um 1961. Die Familie des Gastwirtes Erich Fetzer stellte sich für die Aufnahme in Position. In den Räumlichkeiten betreiben heute Herr und Frau Montero ein spanisches Speiselokal mit dem Namen „Casa Miguel".

Die Gaststätte und Bäckerei „Ratstube" von Paul Schwille in der Griesstraße 8 / Ecke Josefstraße, um 1958.

Feucht-fröhliche Runde in der „Ratstube", 1966. Die Wände im Inneren waren mit zahlreichen Sprüchen beschriftet. Auf der linken Seite sitzt Ludwig Betz, Kurt Kummer (Sprüche sind von ihm), Alfred Hornung, vorne Theo Schlegel, dahinter der ehemalige Dampfwalzenfahrer Walz.

In der Marktstraße 18 befand sich die Gaststätte „Traube", die zum Zeitpunkt der Aufnahme, um 1958, von den Geschwistern Weiß betrieben wurde, danach von Erwin Weckerle. Im Hinterhof fanden Konzerte und Tanzveranstaltungen statt, außerdem nutzten zahlreiche Vereine die Räumlichkeiten des um 1800 erbauten Gasthauses. 1979 wurde das Gebäude abgerissen. Heute steht hier ein Wohn- und Ärztehaus mit Apotheke und Parkplätzen.

Der Gasthof „Südbahnhof" im Gewann Arbach ob der Straße (heute Marktstraße 176) verfügte über einen großen Saal mit Bühne (für bis zu 250 Personen), eine eigene Konditorei und Bäckerei sowie Fremdenzimmer mit insgesamt sechs Betten. Adolf Faiß hatte das Gasthaus 1899 erbaut, seit 1998 führt Thomas Faiß den Familienbetrieb in der fünften Generation. Links neben dem Gasthaus wurde im Gewann Sankt Leonhard bis etwa 1925 Hopfen angebaut. Foto von 1960.

Café, Konditorei, Bäckerei und Weinstube Eugen Hafendörfer in der Schulstraße 8 im Jahre 1962. Später führte Walter Höflinger das Café, inzwischen betreibt hier das Café List aus der Klosterstraße 2 eine Filiale.

Conditorei-
Café
Am
Lindenplatz

Pfullingen-
Reutlingen
Tel. 83 52

Aus der Gaststätte „Saalbau Kleinbeck" in der Lindachstraße 2 wurde Ende der 1950er-Jahre die Konditorei und das Café „Am Lindenplatz". Im Ladenlokal rechts unten führte Max Kern eine Konditorei, links daneben war das Blumengeschäft von Willi Losch und im hinteren Teil des Gebäudes das Kino von Hugo Kaufmann. Das Eiscafé führte zunächst Giuseppe Mennella, später Livio Giacomini. 1983 musste das Gebäude dem Lindachbau Platz machen.

In moderner Optik präsentierte sich 1964 das umgebaute „Waldcafé" am Ursulaberg im Gewann Frauenhalde, von wo man einen herrlichen Ausblick auf die Stadt Pfullingen und die weitere Umgebung hat. Pächter war seit 1949 Otto Schneider, zuletzt betrieb Familie Rosenkranz die Gastwirtschaft. 2004 wurde das Gebäude abgerissen, vier Jahre später eröffneten Ilona und Thomas Schmälzle an dieser Stelle ein neues „Waldcafé".

Betreiber der Klosterbrauerei-Gaststätte in der Klosterstraße 30 waren Karl Riehle, Alfred Schubert, Reinhart Naumann und Paul Klein. Diese Fotografie entstand 1964. Nach Umbauten und einer umfassenden Modernisierung des Gaststättenbereichs konnte Ende 2007 der neue Brauereiausschank „Klostergarten" eröffnet werden. Er wird von Hubert Himmelsbach geführt, der auch das Hotel und den Klosterkeller zu neuem Leben erweckt.

Blick von der Martinskirche auf den Lindenplatz im Jahre 1970. Im Gebäude Lindenplatz 1 war das Handarbeitsgeschäft Goller (früher Schlosserei Bezler), daneben am Lindenplatz 3 die Speisegaststätte „Bürgerstüble" von Paula und Ulrich Gneiding. Im Hintergrund ist das „Eiscafé" zu sehen (vgl. Seite 61).

Café-

Gaststätte

„Waldhorn"

Pfullingen

Tel. 8384

Die Café-Gaststätte „Waldhorn" von Albert Gumpper in der Gönninger Straße 44 hatte eine eigene Brennerei, um 1958. Wilhelm Gumpper hatte die Gaststätte 1906 von Alwin Geisel gekauft. Später übernahm Erwin Jäger das „Waldhorn". Im Laden darunter führte Friedrich Bader eine Brot- und Feinbäckerei. Das Haus wurde Anfang der 1990er-Jahre abgebrochen, um einem Gebäudekomplex mit Wohnungen Platz zu machen.

Der Gasthof „Bahnhof" von Karl Schwille in der Bahnhofstraße 15 verfügte über einige Fremdenzimmer mit insgesamt vier Betten. Hier eine Aufnahme von 1972. Einst hatte Friederike Früh (geb. Votteler, später verh. Rieger) den Gasthof geführt. Nach Karl Schwille, der den Betrieb von 1948 bis 1968 leitete, übernahm sein Sohn Karl mit Ehefrau Ursula den Gasthof bis 1977. Zwanzig Jahre später wurde das Haus für einen neuen Gebäudekomplex abgebrochen.

Die Höhengaststätte „Jahnhaus" (Namensgeber war Turnvater Jahn) im Ahlbolweg 32 ist im Sport- und Freizeitpark angesiedelt und wurde anfangs von Friedrich List, danach von Horst und Helga Kuchelmeister geführt. Hier eine Fotografie um 1976. Das ursprüngliche Clubhaus mit Wirtschaftsbetrieb war 1932 eingeweiht worden, ein Erweiterungsbau kam 1963 hinzu. Heute wird die Gaststätte von Horst und Karin Speidel betrieben.

Gasthof „Hofgut Übersberg" befindet sich seit eh und je in städtischem Besitz. Betreiber war zunächst Fritz Schmälzle, danach Albert Schänzlin mit Ehefrau. Die Aufnahme vom 25. Oktober 1977 zeigt den Gasthof kurz vor der Umgestaltung. Der Gasthof war ein beliebtes Ausflugsziel, etwa acht Kilometer von der Stadtmitte entfernt. Nach einer Wanderung verweilte man früher unter den Tannen und aß ein Honigbrot. Nach dieser Stärkung ging es wieder hinunter in die Stadt.

Der „Übersberger Hof" verfügte nach dem Um- und Ausbau auch über einen großen Saal, hier im Jahre 1980. Seit Frühjahr 2008 bedient Alexander Reum mit seinem Team die Gäste. Nach 500 Metern erreicht man das Segelfluggelände der Luftsportvereinigung Übersberg auf der Hochfläche (755 ü.d.M).

4

Kultur und Sport

Trotz schlechter Schneelage wurde am 2. Januar 1958 wieder ein Skispringen an der Wasen-
schanze am Ursulaberg ausgetragen. Im Vorfeld verdichteten Helfer den Schnee am Aufsprung-
hang. Das Zuschauerinteresse war sehr groß. Links ist noch die alte Skihütte zu sehen. 1950 war
man in das ehemalige Schützenhaus des Krieger- und Militärvereins eingezogen, das 1961 zur
Skihütte ausgebaut und 1974 nochmals erweitert wurde.

Die Pfullinger Ortsgruppe der Deutschen Lebensrettungs-Gesellschaft (DLRG) wurde am 27. April 1957 im Gasthaus „Krone" gegründet. Am 30. August 1958 richtete sie ihr zweites Abendschwimmfest im Pfullinger Freibad aus. Die mehr als 600 Besucher konnten unter anderem eine Gefechtsschwimmübung der Bundeswehr und die Vorführung neuer Tauchgeräte verfolgen.

Erster Heimatabend des Trachtenvereins „Echaztaler", 1958. Von links in der hinteren Reihe: Egon Greiner, Martin Stachl, Erich Brand. Mittlere Reihe: Lieselotte Boley (verh. Fink), Emil Leibfarth, Herbert Schwille, Ingeborg Leibfarth, Paul Boley, Maria Boley, Rudolf Kaplan, Hilde Keck, Herbert Leibfarth, Elisabeth Schnitzer, Siegfried Wittwer, Marta Habenschuß, Manfred Grauer (verdeckt), Rudolf Kaplan sen., Fridl Kaplan, Hans Wittwer, Kurt Kaplan, Manfred Losch, Horst Bauer. Vordere Reihe: Margarete Losch, Irma Kaplan, Renate Wolf.

Taufpaten bei dieser Flugzeugweihe auf der Planie am 19. April 1959 waren Bürgermeister Gustav Fischer (links) und Vorstand Weitzmann vom Luftsportverein. Das Segelflugzeug erhielt den Namen „Stadt Pfullingen".

Am 13. September 1959 konnte der Ziegenzuchtverein sein 50-jähriges Bestehen feiern. Die Landesziegenweide liegt im Gebiet Ahlsberg, von wo aus man einen herrlichen Blick auf Pfullingen und Reutlingen bis hin zum Stuttgarter Fernsehturm hat.

Karl Schwille beim Geländeritt des Pfullinger Reitertages am 2./3. September 1961. Ausgangspunkt war die Pfingstweide. Auf der vier Kilometer langen Strecke durch den Wald mussten 14 Hindernisse – Strohballen, Stangen und Baumstämme – übersprungen werden. Auch die zweimalige Durchquerung des Wolfsbaches gehörte dazu. Eberhard Wucherer auf „Jupiter" belegte den ersten Platz, Zweiter wurde Werner Nagel auf „Lotte", Dritter Gerhard Bosler auf „Mirano".

Reitturnier auf dem neu angelegten Reitplatz im Klostergarten (vgl. Seite 20) am 3. September 1961. Im Hintergrund sieht man ein Gebäude der Sigelbrauerei. Sieger des Hindernislaufes wurde Gerhard Bosler. Die zahlreichen Zuschauer konnten neben einem Patrouillenritt das Dressurprogramm Meinrad von Lauchert sehen, die Damenabteilung glänzte mit einer Schauvorführung und die jüngsten Reiter präsentierten Voltigierübungen.

Gruppenbild des VfL-Hauptausschusses im Mai 1962. Von links erkennt man in der hinteren Reihe: Helmut Dollinger, Fritz Ripple, Werner Seeger, Kurt Schmid, Willi Frank. Mittlere Reihe: Adolf Mozer, Ludwig Klaiber, Gottlob Schilling, Erich Möck (Ehrenbürger der Stadt Pfullingen), Curt Bossert, Albert Schmid, Manfred Dalm. Vordere Reihe: Marcel Schretzmann, Karl Reinhardt, Erwin Saur, Gerhard Böhmler, Karl Götz, Siegfried Schüler und Adolf Tröster.

Feierlichkeiten anlässlich des 100. Jubiläums des VfL 1862 Pfullingen e.V. vom 8. bis 10. September 1962. Der Festzug – hier in der Zeppelinstraße – bewegte sich Richtung Pfullinger Hallen. Auf dem Hallenplatz und in den Festzelten wurde die Feier fortgesetzt. Am nächsten Tag folgte ein buntes Kinderprogramm mit lustigen Spielen wie Eierlauf, Sackhüpfen, Hindernislauf und Wettkämpfen an den Kletterstangen.

Im Mai 1963 lud der Kaninchenzuchtverein zum Hasenessen ein. Bei nettem Zusammensein und Sigelbier ließ man sich den Braten munden. Ende Mai 1978 konnte die Einweihung des neu erbauten Züchterheims in der Gönninger Straße gefeiert werden.

Die Leichtathletikmannschaft des Progymnasiums wurde beim Schulturnfest in Heilbronn 1963 Landessieger. Von links: Heinz Käser, Rosemarie Wimmer, Reinhard Kutzner, Edith Buck, Reinhold Baum, Eva Hettler (verh. Seeger), Rolf Walliser, Rotraud Kelbch, Hermann Schaufler (ehem. Landesminister für Umwelt- und Verkehr), Heide Busch (verh. Seeger), Horst Löffler, Margrete Lutz (verh. List), Paul-Gerhard Jud, Angela Wolf, Dieter Wolf, Gudrun Korhummel.

Spieletag der Pfullinger Ortsgruppe des Schwäbischen Albvereins auf der Hochwiese des Schön-
bergs am 15. September 1963. Hier konnte man sich unter anderem beim Sackhüpfen oder Seil-
ziehen verausgaben. Neben dem Aussichtsturm gab es zahlreiche Rastmöglichkeiten, wo man bei
einem Getränk und einer Roten Wurst die Stille der Natur genießen konnte. In der Hauptsaison
wird der Turm – wenn die Fahne zu sehen ist – bewirtschaftet.

Hubertusjagd der Reiterkameradschaft Pfullingen auf dem Gielsberg am 13. Oktober 1963.

75. Jubiläum der Singgruppe des Schwäbischen Albvereins, 1964. Von links in der hinteren Reihe: H. Heidt, M. Ebinger geb. Monza, D. Bauer, L. Haubensack geb. Moll, F. Theurer, P. Plankenhorn, P. Baumann jun., H. Arnold, K. Haug, F. Renz. Vordere Reihe: G. Riekert, M.L. Mönch geb. Huß, E. Kramer, R. Losch geb. Götz, M. Renz, L. Baumann, C. Vöhringer verh. Baumann, F. Möhrle, H. Arnold, B. Riekert verh. Brecht, H. Schmid geb. Rempfer, M. Beck, G. Stotz geb. Keppler, E. Herrmann geb. Holzhofer, A. Fetzer, L. Schwarz geb. Schmid, P. Baumann sen., K. Kull.

Jubiläum 40 Jahre Fechtabteilung Pfullingen, September 1961. Von links in der hinteren Reihe: (Al)Bert Burgemeister, Eberhard Tessarek, Gisela Taigel, Ellionor Grandlich, Karin Hinske und Hanne Hauser. Mittlere Reihe: Rut Schlegel, Horst Leymann, Helga Tschamler, Wilhelm Wolf, Hermann Wurster, Siegfried Pfeiffer, Ingrid Brachlow, Inge Frasch, Maria Gorzellik. Vordere Reihe: Siegfried Herrmann, Hildegard Kümmerle, Herbert Kümmerle, Albert Taigel, Curt Bossert, Friedrich Trumpp, Karl Eib, Hermann Kraus, Helga Renz, Charlotte Friese.

Startschuss zum über drei Kilometer langen Lauf rund um den Schönberg beim Bergfest 1964. Der Schwäbische Turnerbund hatte im Frühjahr 1963 beschlossen, jedes Jahr ein Bergfest auf den Hochwiesen der Wanne zu veranstalten. Das letzte Bergfest fand 1992 statt.

Da ist der Ball im Tor. Fußballspiel des VfL auf dem Hartplatz beim Jahnhaus, 1965. Den Hartplatz hatte man drei Jahre zuvor erneuert.

Am 4. Mai 1968 wurde die Reithalle im Gebiet Roßwag eingeweiht. Die Festrede hielt Bürgermeister Kurt App. Im Jahre 1974 konnte dann die Einweihung der neuen Stallungen gefeiert werden.

Gruppenbild der Mannschaft, die 1967/68 von der A-Klasse in die II. Amateurliga aufstieg. Von links in der hinteren Reihe: Manfred Losch, Wolfgang Gerdemann, Dieter Roll, Karl Blaser, Philipp Gutwein, Wolfram Taxis, Dieter Schmälzle, Werner Krei, Werner Kalla, Karl-Georg Ziegelmüller, Gerhard Patzelt, Edmund Grüninger. Vordere Reihe: Gerhard Schollenberger, Herbert Stumm, Ulrich Geffke, Philipp Maier und Bernd Steimle.

VfL-Sportfest auf dem Eierbachsportplatz (Ernst-Trumpp-Weg 30) am 6. Juli 1969. Hier das Vorturnen der Mädchen am Stufenbarren.

Los geht's. Jugendskitag auf dem Wasen am 14. Februar 1970. Zwei Jahre später konnte die Einweihung der großen Schneise gefeiert werden. Die 1948 gegründete Skiabteilung des VfL Pfullingen unter Abteilungsleiter Kurt Hailer hatte damals etwa 15 Mitglieder. 2008 waren es bereits über 500 Mitglieder. In den 60 Jahren ihres Bestehens konnte die Skiabteilung so manche Erfolge vorweisen.

Der neue Deutsche Meister in der 125-Kubikzentimeter-Klasse Siegfried Möhringer auf seiner „Yamaha". Das Foto wurde im Herbst 1970 vor der Tankstelle seiner Eltern Konrad und Irene Möhringer in der Marktstraße 35/1 neben „Rickers Platz" aufgenommen. Auf diesem Gelände befinden sich heute Parkplätze sowie die Tiefgarageneinfahrt des Wohn-, Laden-, und Ärztehauses.

Tag der offenen Tür im Progymnasium (heute Friedrich-Schiller-Gymnasium) am 24. Juni 1972. Das Sprachlabor war damals eine sehr moderne Einrichtung.

Skichor am 13. Oktober 1972. Von links, 1. Tenor: Walter Herrmann, Paul Schrade, Walter Wendelstein; 2. Tenor: Herbert Schempp, Helmut Schüler, Erich Wohnus; 1. Bass: Manfred Keppler, Clemens Goller, Willi Scheurer; 2. Bass: Walter Riesch, Heinrich Pfister, Eberhard Failenschmid, Werner Wohlfahrt. Chorleiter war Willy Wörner. Es fehlt Joachim List (1. Bass).

Die Wilhelm-Hauff-Realschule öffnete am 7. Juli 1973 erstmals ihre Pforten. Die Aufnahme zeigt den nach neuestem Stand eingerichteten Schreibmaschinen-Unterrichtsraum. Hier lernte auch der Autor bei der Lehrerin Frau Müller das Schreibmaschineschreiben.

Blütenrundgang des Obst- und Gartenbauvereins am Georgenberg im April 1974. Vor zahlreichen interessierten Zuhörern wird der Blütenstand erklärt.

Gruppenbild der Volksmusiker des Trachtenvereins „Echaztaler", 1974. Von links: Erich Brand (Hackbrett), Peter Kaplan (Akkordeon), Roland Hegedüs (Zither), Ulrike Boley verh. Rau (Zither), Dietmar Kaplan (Zither), Marlene Gaus verh. Keppler (Gitarre), Edwin Hackel (Zither), Alfred Hagenloch (Zither), Hans-Dieter Hegedüs (Zither), Monika Altenhof (Zither), Rudolf Kaplan (Kontrabass), Norbert Brand (Hackbrett).

Im Mai 1967 wurden die Urkunden der Kleingärtnerparzellen an die Mitglieder des Vereins der Siedler, Eigenheimer und Kleingärtner (gegründet 1949) überreicht. Im Bild die Gartenanlage im Schinderbronnen, aufgenommen 1975.

Harmonikagruppe des Albvereins, 1976. Von links in der hinteren Reihe: Gerd Röger, Günter Kreim, Günter Wahl, Hans Schiller, Klaus Riegler, Hans-Jochen Bosch, Manfred Röger, Eberhard Raach; mittlere Reihe: Birgit Kreuzer (Pfeiffer), Karl Müller, Günther Hecht (Dirigent), Willi Losch, Heinrich Plankenhorn, Karl Wohnus, Karin Losch; vordere Reihe: Heinz Spiekermann, Waltraud Belz, Helmi Körner, Sabine Hoch (Wohnus), Ursel Schmälzle (Rall), Bärbel Lang (Wick), Elfriede Richard, Heiderose Eberenz und Kurt Wickmann.

Anlässlich des 25-jährigen Bestehens der DRK Bergwacht-Bereitschaft Pfullingen wurde 1978 die vier Jahre zuvor in Eigenleistung erbaute Bereitschaftshütte in Genkingen am Schaltberg für die Festschrift fotografiert. Die Mitglieder der Bergwacht haben durch ihren selbstlosen und mutigen Einsatz schon manchen Skifahrer und Bergsteiger aus misslichen Situationen geborgen. Ihr Motto lautet: „Schutz des Menschen vor dem Berg und Schutz der Berge vor den Menschen."

Musikverein im Schlosshof, 1978. Von links in der obersten Reihe: M. Ibler, F. Anlauf, O. Schäfer, W. Göger, A. Horn, E. Dalm, J. Mayer, P. Friedetzky. Nächste Reihe: M. Wödl jun., W. Mayer, M. Strecker, S. Strecker, M. Ribeiro, J. Bolleber, X. Hermanutz, D. Mayer, A. Paulus. Nächste Reihe. T. Reiff, G. Keppler, G. Dewald, O. Keppler, H. Voit, R. Vöhringer, Dr. H. Ribeiro, M. Wödl sen., J. Iwanitza. Vorderste Reihe: W. Brand, K. Schäuble, R. Wödl, H. Friedetzky, M. Ibler, E. Mohl, H. Keppler, Dr. B. Ribeiro, H. Boley, H. Schäfer, B. Borowski.

75. Jubiläum des Männergesangvereins „Eintracht", 1979. Von links in den oberen zwei Reihen: W. Dietrich, E. Preusch, W. Kinkelin, E. Dollinger, H. Schempp, G. Hofmann, F. Schwille, A. Tröster, W. Schwille, K. Fink, H. Wieland, P. Beck, K. Keppler, E. Brandmaier, D. Jäger, E. Wörner, W. Beck, H. Wagner, W. Wohlfahrt. Nächste Reihe: B. Früh, H. Lorch, W. Wendelstein, E. Preusch, P. Schmid, P. Guhl, H. Kilgus, E. Hausch, E. Senner, K. Steinhilber, D. Braun, E. Taigel, F. Maier. Nächste Reihe: O. Egeler, E. Weyermann, W. Schwarz, W. Dehm, A. Glöser, E. Klaiber, H. Koch, K. Renz, K. Gumpper, W. Frank, W. Wörner sen., K. Losch (rechts darunter), K. Neff, A. Schwarz, W. Wörner jun., M. Schaal, P. Sorg, K. Hofmayer, B. Schulz, W. Uhlmann, W. Sauter, P. Saur. Nächste Reihe: N. Rümmele, E. Schmid, H. Anhäuser, E. Busch, F. Grau, W. Götz, J. Erdmann, E. Hermann, W. Keppler, H. Reutter, W. Mollenkopf, K.-H. Mollenkopf, H. Hagmaier, F. Kegel, W. Haberbosch, K. Stotz. Vordere Reihe: F. Gackenheimer, W. Losch, A. Tröster, S. Tröster, H. Taigel, W. Hofmann, W. Eib, Vorstand K. Belzner, Dirigent M. Maler, A. Kinkelin, H. Kinkelin, E. Frank, E. Hageloch, S. Wollwinder, P. Mader, W. Riesch.

Fußballmannschaft des VfL, 1980. Stehend von links: Trainer Lothar Baumbach, Kuno Fischer, Alfons Stumm, Dieter Fink, Wolfram Taxis, Günter Tress, Manfred Sonnenwald, Thomas Gmelin, Wolfgang Stumm, Richard Ziegelmüller und Masseur Kurt Stoll. Sitzend von links: Thomas Rehm, Bernd Vogel, Bernd Hagenloch, Martin Rilling, Klaus Jopek, Peter Ebinger, Martin Bay und Herbert Kittelberger.

Die 1. Handballmannschaft des VfL, 1980. Von links in der hinteren Reihe: Andreas Klett, Jürgen Magnussen, Bernd Grauer, Frank Wohlrabe, Claude Bérard, Robert Kemmler, Trainer Kurt Reusch. Vordere Reihe: Jörg Hagmaier, Wolfgang Koring, Hans Wörner, Göran Springer, Siegbert Schmid, Jörg Plankenhorn, es fehlen Dr. Frank Kazmaier und Julius Lehmann.

5

Wirtschaftsleben

Arbeiterinnen der Strickwarenfabrik Willy Haug („Willuga") in der Marktstraße 45 im Jahre 1958. Die fertigen Strickwaren wurden vor dem Versand überprüft und abgezählt.

Blick in die Mosterei Hettler & Wörner in der Marktstraße 13 / Ecke Kurze Straße im November 1958. Mit Lederschurz erkennt man Adolf Engel. Die „Gütles"- und Wiesenbesitzer lieferten hier die geernteten Äpfel und Birnen der unzähligen Streuobstwiesen rund um Pfullingen zum Auspressen an. Der Saft wird als Süßmost oder ausgegorener Most in den folgenden Monaten getrunken.

Kohlenausfahrer der Firma G. Griesinger KG mit ihrem Lkw auf der Planie im Januar 1959. Auf der linken Seite ist das Haus des Uhrmachermeisters Theophil Rall in der Schulstraße 1 zu sehen. Gottlieb Griesinger kaufte 1840 das obere Stockwerk des Gebäudes in der Kirchstraße 6 und gründete eine Seifensiederei, die später an den Lindenplatz 14 verlegt wurde. Hier entwickelte sich das Unternehmen zu einem führenden Spezialgeschäft in der Eisen- und Hausratsbranche.

Im September 1959 erhielt das neu errichtete Sudhaus der Sigelbrauerei in der Klosterstraße zwei neue Kupferkessel. Die Mercedes-Lastkraftwagen der Spedition Andreas Weiler und Bernhard Körner aus Kitzingen am Main durften nur nachts fahren, da ihre Fracht über vier Meter breit war. Das Sudhaus, in dem die Kessel später eingebaut wurden, war zu diesem Zeitpunkt – wie man im Hintergrund links erkennen kann – noch im Rohbau.

Blick aus dem nach Unterhausen fahrenden Zug von der Eisenbahnbrücke am „Kraußabuckel" auf die Klosterstraße, Herbst 1959. Das Haus Klosterstraße 128 (Abbruch 1976) auf der linken Seite gehörte der Firma Erich Renz Landesprodukte. Bei ihr lieferte manche Bauernfamilie ihr geerntetes Heu zum Weiterverkauf ab, daher auch der Name „Heu-Renz". Die Abfahrt links in die Roßwagstraße war ein kleiner Feldweg, der in dieser Zeit ausgebaut wurde.

Die neue Milchsammelstelle der Milchverwertungsgenossenschaft Pfullingen in der Friedrichstraße 2 hatte 1964 acht betriebseigene Verkaufsstellen. Als Erste in Süddeutschland nahm sie eine moderne Milcherhitzungsanlage in Betrieb, welche die Milch auf 71 bis 74 Grad Celsius erhitzte. Einige Minister des Landes Baden-Württemberg ließen sich die neue Einrichtung vorführen. Heute ist hier der Parkplatz des Edeka-Marktes Stoll an dieser Stelle. Aufnahme von 1959.

Das Lebensmittelhaus Ernst Schwarz in der Kirchstraße 16 (ehemals Wirtschaft „Zum Scharfen Eck"), 1960. Heute befindet sich hier ein Reformhaus. Vor dem Haus sind die Schienen der Straßenbahn zu erkennen, die von der Kirchstraße über eine 180-Grad-Kurve durch die Badstraße ihre Endhaltestelle am Laiblinsplatz anfuhr.

Gipser Kurt Stoll (links mit Suterkrug) und seine Mannen bei einer Vesperpause in der Blechgarage des Fotostudios Burgemeister, Dezember 1961. Als Dritten von links sieht man Karl Renz, daneben Paul Plankenhorn und Herr Wolf. Da es sehr kalt war, hatte man in einer Blechdose ein Feuer entfacht.

Arbeiterinnen der Firma Fallscheer in der Badstraße 2 im Jahre 1962. Die genaue Firmenbezeichnung lautete: „Baumwoll-, Roh- und Bunt-Spinnerei, Synthetic- und Kammgarn-Spinnerei, Zwirnerei und Färberei".

Bauern im Gebiet Arbach mit einem „Claas-Europa"-Mähdrescher bei der Ernte. Die sonnigen Augusttage im Jahre 1962 hatten das Getreide rasch reifen lassen. Im Hintergrund ist der Ursulaberg zu erkennen.

Autohaus Schänzlin in der Marktstraße 57, rechts dahinter das Firmengebäude der Strickerei Fritz Schmälzle in der Liststraße 13–15. Die Fotografie von 1964 zeigt auch den Fußgängerüberweg über die B 312 und die Masten der ehemaligen Straßenbahnstrecke zum Areal der Lederfabrik J.J. Schlayer GmbH in der Kunstmühlestraße (siehe Kamin).

Die Vorstandschaft des Gewerbevereins Pfullingen beim 100. Jubiläum (1864–1964) ihres Vereins. Von links in der hinteren Reihe: Wilhelm Trumpp, Hermann Votteler, Wilhelm Taigel, Julius Griesinger, Theophil Rall. Vordere Reihe: Georg Schmid, Kassier Karl Rilling, stellvertretender Vorsitzender Wilhelm Schlegel, Vorsitzender Adolf Wolf, Vorsitzender Karl Schmid, Schriftführer Helmut Votteler und Hans Renz.

Rege Betriebsamkeit herrschte im Herbst 1964 in der Möbelfabrik Adolf Wolf & Söhne in der Lindachstraße 11/13. Damals mussten gerade Musterstücke für die Gewerbeausstellung in den Pfullinger Hallen fertiggestellt werden.

In den Pfullinger Hallen veranstaltete der Gewerbeverein Pfullingen anlässlich seines 100-jährigen Bestehens eine Leistungsschau. Als Schirmherr eröffnete Bürgermeister Kurt App die Gewerbeausstellung am 9. Oktober 1964, begleitet vom Spielmannszug des Progymnasiums. Am Abend folgte der eigentliche Festakt. Für die musikalische Begleitung sorgten die Stadtkapelle Pfullingen sowie die Gesangvereine „Eintracht" und „Liederkranz".

Bei der Ausstellung – hier der Stand von Elektro-Fink aus der Kirchstraße 9 – konnten sich 64 Firmen bzw. Ausstellergemeinschaften an etwa 50 Ständen dem Publikum präsentieren. Am 10. Oktober 1964 tagten die verschiedenen Arbeitsgruppen in den Wirtschaften „Höhengaststätte Jahnhaus", „Sonne" und „Traube". Abends folgte ein großer Bunter Abend in den Hallen. Am darauffolgenden Sonntag fanden in den Hallen Gespräche und Diskussionen statt.

Schaufenster des Fotogeschäfts Burgemeister in der Marktstraße 33, Ende 1964. Der wirtschaftliche Aufschwung kurbelte den Verkauf von Kameras, Diaprojektoren und Filmkameras an. Die Leute hielten ihre Ereignisse, Ausflüge und Reisen in ferne Länder auf Zelluloid fest. Es gab zu dieser Zeit einige deutsche Firmen, die in der Foto- und Kinobranche gute Umsätze erzielten, darunter auch die Reutlinger Firma Dacora.

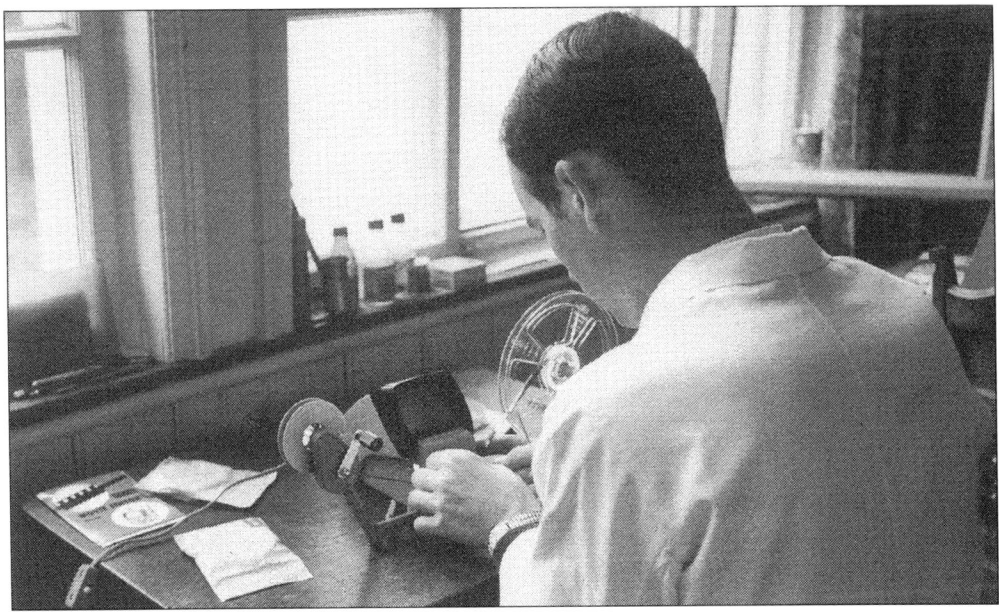

Günter Burgemeister beim Schneiden und Kleben von „Normal 8"-Filmen, 1965. Durch verbesserte Technik und höhere Nachfrage wurden die Filmkameras immer handlicher und günstiger. Den größten Aufschwung in der Filmsparte brachte aber die Umstellung auf „Super 8". Die Filme hatten zusätzlich eine Tonspur, der Aufwand der nachträglichen Vertonung fiel weg. Heute kann man die „alten Schätze" kostengünstig digitalisieren lassen.

Das 1959 fertiggestellte Sudhaus der Sigelbrauerei, 1965. Bei der Fahrt durch Pfullingen, von der Schwäbischen Alb kommend, konnte man bereits von weitem die zwei glänzenden Kupferkessel hinter der Fensterfassade erblicken. 1993 wurde das Sudhaus gesprengt. Auf dem frei gewordenen Areal entstand 1996 die Wohnanlage „Klostergarten". Das Haus der Bäckerei und Gaststätte „Zom Schömberg" (rechts) wurde 1980 abgebrochen.

Feier zur Verleihung des Bundesverdienstkreuzes an Bankdirektor Karl Rilling für sein Wirken im Gemeinderat und als stellvertretender Bürgermeister (seit 1959) sowie für 50 Jahre Dienst am Kunden in der Volksbank Pfullingen am 29. Oktober 1965. Von links: Adolf Wolf, Gottlieb Keppler, Ernst Beck, Otto Aikele, Karl Rilling, Manfred Hinderer, Bankvorstand Hermann Hirth (verdeckt) und Aufsichtsratsvorsitzender Karl Schmid.

Alfa-Romeo-Autohaus und Kfz-Reparaturwerkstatt Hermann Gmelin in der Kurzen Straße 7 im Jahre 1966.

Brauereidirektor Eberhard Sigel (links) und Braumeister Jordan Fink verfolgten am 7. November 1966 die Installation einer neu angelieferten, hochmodernen Flaschenabfüllanlage in der Sigelbrauerei.

Blick in den Maschinenraum der Baumwollspinnerei Gebr. Wendler in der Kurzen Straße 42 im Jahre 1968. Das Firmengebäude wurde 2004 bis auf die Frontfassade, die unter Denkmalschutz steht, abgerissen. Unter Einbindung der historischen Fassade entstand 2007 ein Wohn-, Ärzte- und Physiotherapie-Haus.

Die Straßenbahnarbeiter Bernhard Lucia (links) und Karl Glück beim Verschweißen des neu verlegten Gleiskörpers auf Höhe der katholischen St.-Wolfgangs-Kirche. In der Marktstraße wurden Kanalrohre sowie Gas-, Wasser- und Telefonleitungen neu verlegt. Am 27. Juni 1968 fuhr die erste Straßenbahn über den nun auf der anderen Seite verlaufenden neuen Schienenstrang. Anfang August 1968 konnte die Straße auch für den Autoverkehr wieder freigegeben werden.

Das Triebwerk der Firma A. Walz Turmuhrenbau und Formenstecherei in der Heerstraße 38 wurde durch den Stadtbach angetrieben. Firmenchef Alfred Walz (rechts) und Mitarbeiter Bruno Hielscher begutachten auf dem 1968 entstandenen Bild einen Glockenstuhl für vier Glocken mit einem etwa sechs Meter hohen Unterbau. Die Firma befindet sich heute in der Dieselstraße 9 und wird inzwischen in fünfter Generation von Andreas Walz weitergeführt.

Ein paar Stunden vor der offiziellen Eröffnung des Großmarkts Schwörer in der Max-Eyth-Straße 34 am 22. November 1968. Firmeninhaber Heinz Schwörer, der bis dahin einen kleinen Laden in der Klosterstraße gegenüber der Sigelbrauerei betrieben hatte, wagte diesen Schritt zum Großmarkt auf der grünen Wiese. In dem teilweise umgebauten und modernisierten Gebäude ist heute das „Kaufland" zu finden.

Blick von der heutigen Römerstraße auf die mechanische Buntweberei Carl Landenberger in der Lindachstraße 90–96 im Jahre 1969. Bekannt wurde die Firma vor allem durch die „Kalla"-Taschentücher, aber auch durch die Produktion von Leibbinden-, Bandagen-, Mieder- und Berufskleiderstoffen. Die Baugeräte auf dem Bild kamen beim Betonieren des neuen Echaz-Flussbettes zum Einsatz.

Leder- und Riemenfabrik der Gebr. Klemm-Trumpp in der Schlossstraße 27, 1972. Firmenchef Wilhelm Trumpp ist als siebte Person von links zu erkennen, links hinter ihm steht Juniorchef Dieter Trumpp. 1977 zog die Firma in die Uhlandstraße 73. Das Mühlrad der Firma ist heute noch im Schlössle-Park zu sehen. Der Giebel hinter dem Schuppen gehört zum Ärztehause in der Griesstraße 24/2. Seit 1955 befindet sich dort die Diakonie-Sozialstation.

Werbeaufnahme für das Beförderungsunternehmen Gerhard Leichsenring auf dem Parkplatz des großen Spielplatzes (zum Übersberg), 1973. Prunkstück seines Fuhrparks war der neu erworbene Bus mit Klimaanlage.

Im Sommer 1973 bekam die Stuhlsteige einen neuen Asphaltbelag. Hier einige Straßenarbeiter beim Warten auf die nächste Asphaltladung.

Ernst Bezler (geb. 16. März 1887) war noch im Alter von 90 Jahren an der Drehbank und der Holzsägemaschine seiner Werkstatt in der Schlossstraße 8 anzutreffen, hier im Jahre 1977. Er entstammte einer alten Schlosserfamilie, hielt seine Maschinen gut in Schuss und war auch im Umland als Fachmann für Dieselmotoren bekannt. Außerdem betrieb er eine Drescherei. Ernst Bezler war der erste Taxifahrer in Pfullingen. Auch Louis Laiblin gehörte zu seinen Kunden.

Die Apparate- und Rohrleitungsbaufirma Albert Votteler in der Klemmenstraße 14. Das 1744 gegründete Stammhaus der Kupferschmiede Votteler befand sich bis 1912 am Laiblinsplatz. Diese Aufnahme zeigt den Arbeitsalltag bei der Firma Burkhardt im Juni 1977.

Im Wohnhaus in der Großen Heerstraße 17, wo einst das Kino „Central" seinen Sitz hatte, befanden sich 1978 das Farbenfachgeschäft Senner und der Prix-Markt. Anfang 2005 wurden beide Gebäude abgebrochen, um der Seniorenwohnanlage „Haus am Stadtgarten" Platz zu machen. Sie wurde 2007 fertiggestellt. Links im Hintergrund erkennt man einen Teil der 1963 eingeweihten Uhland-Turnhalle.

In der Klosterstraße 77/1 betrieben die Gebrüder Volk ein Säge-, Spalt- und Hobelwerk mit Kistenfabrik. Das Bild entstand ein Jahr vor dem Großbrand 1979, bei dem große Teile des Werkes abbrannten. Im Hintergrund ist der Georgenberg zu erkennen.

1979 ließ die Firma Polytress Plastik an der Ecke Uhlandstraße/Bismarckstraße eine Folien-
maschine (M 60) für 12 Meter breite Bahnen ausbauen, hier von der Bismarckstraße aus gesehen.

Der Gewerbe- und Handelsverein Pfullingen machte mit seinen Mitgliedern am 19. November
1980 einen Tagesausflug nach Straßburg. Die Gruppe besichtigte auch das Europaparlament.

6

Besondere Ereignisse

Am 10. Januar 1958 zerstörte ein Brand große Teile der Lederfabrik Firma J.J. Schlayer in der früheren Kunstmühle. Johann Jakob Schlayer hatte die Leitung der 1833 gegründeten Firma an seinen Schwiegersohn Wilhelm Silber übertragen. Die Söhne Richard und Wilhelm Silber kauften dann 1907 die frühere Kunstmühle und richteten dort eine Lederfabrik (Werk II) ein. Aus der 1920 erworbenen ehemaligen Heilanstalt ging schließlich Werk III hervor. Hier wurden die Schuhfabrik Pfullingen AG sowie die Abteilungen Riemen- und Pickerfabrik untergebracht.

Auf dem 755 Meter hoch gelegenen Segelfluggelände Übersberg stürzte im Juli 1958 ein Flugzeug ab. Hier sieht man einige Personen bei der Begutachtung der Trümmer.

50 Jahre Deutsches Rotes Kreuz in Pfullingen, 1958. Von links in der hinteren Reihe: G. Schietinger, E. Manzau, K. Voemel, K. Weiß, W. Hiller, E. Kießling, H. Voemel, R. König, M. Hoffmann. Nächste Reihe: M. Beck, G. Wohnus, G. Rapp, H. Rapp, B. Weiß, G. Rall, F. Goller, K. Schwarz, E. Herzog. Nächste Reihe: E. Hailer, E. Sauer, K. Stoll, H. Gorzellik, M. König, E. Denzel, E. Hansel, Kastel, E. Braun, H. Stieräugel, R. Klein, A. Herzog, F. Taigel, L. Grauer. Vordere Reihe: H. Neuschwanger, W. Knorr, K. Herzog, G. Kinzelmann, Dr. O. Grauer, W. Herrmann, A. Gekeler, H. Steinhilber, K. Höhn, H. Wollwinder.

Ausbesserungsarbeiten am Turmbogen des 1906 eingeweihten Schönbergturmes (793 m.ü.M.). Bei dieser gewagten Aktion im August 1959 saß Werner Wunderlich im Aufzugkorb, zwei Mitarbeiter waren ihm bei der Arbeit behilflich. 1965 wurde der Aussichtsturm umfassend saniert. Für den neuen Anstrich musste ein neun Etagen umfassendes Gerüst angelegt werden.

Am 21. August 1959 demonstrierten einige Männer des Geburtsjahrgangs 1922 mit einem Autokorso gegen den Kriegsdienst. Diese Aufnahme entstand am Lindenplatz. Im Hintergrund links das Farbengeschäft Erich Hornig (Nr. 13), rechts daneben betrieben Irmgard und Heinrich Pfister das Modehaus Sommer & Volk (Nr. 15/1).

Am 26. März 1960 sprengten einige Männer des THW den Kamin der Firma J.J. Schlayer (Werk III) in der Römerstraße. Nach der gelungenen Sprengung positionierten sich die Beteiligten auf dem Trümmerhaufen für ein Gruppenbild. Eine große Anzahl Schaulustiger verfolgte das Treiben.

Am 29. September 1961 wurden die sterblichen Überreste des fast vier Jahren zuvor an der Eigernordwand ums Leben gekommenen Günther Nothdurft beerdigt. Sechs seiner Bergsteigerkameraden trugen den Sarg. Von rechts Werner Wohlfahrt, Hannes Wendler, Walter Seeger, Georg Taigel, Willi Scheurer (verdeckt) und Heinz Engelfried. Den Trauergottesdienst hielt Pfarrer Hörmann aus Bad Boll, der auch vier Jahre zuvor den Nachruf auf Günther Nothdurft gesprochen hatte.

Die Reihen der Pfullinger Hallen waren am 11. Februar 1962 bei der Kandidatenvorstellung für das Bürgermeisteramt voll besetzt. Für den aus gesundheitlichen Gründen ausgeschiedenen Gustav Fischer, der das Amt 15 Jahre lang innehatte, musste ein Nachfolger gefunden werden. Es stellten sich vor: Kurt App, Stadtamtmann in Pfullingen, Alfred Fetzer, Bürgermeister in Hohenstaufen, und Ernst Braun, Bürgermeister in Unterhausen.

Hauptübung der Freiwilligen Feuerwehr bei den Pfullinger Hallen (im Hintergrund). Die Baracke, die während des Zweiten Weltkrieges als Unterkunft für Zwangsarbeiter diente und danach mit Flüchtlingen und Umsiedlern belegt war, stand bereits seit längerem leer. Sie wurde 1962 zu Übungszwecken in Brand gesetzt und musste unter realen Bedingungen von den Pfullinger Feuerwehrleuten gelöscht werden.

Nach seiner Wahl zum Bürgermeister am 21. Oktober 1962 hielt Kurt App am Rathausfenster eine Ansprache vor den mehreren Hundert Pfullinger Bürgerinnen und Bürgern, die sich auf dem Marktplatz versammelt hatten.

Am 18. November 1962 um 16.30 Uhr kam es auf dem landwirtschaftlichen Anwesen der Familie Friedrich Schwille in der Marktstraße 2 zu einem schweren Feuer, dem Scheune und Stallungen zum Opfer fielen. Das zahlreiche Vieh konnte bis auf zwei Kälber gerettet werden, die Erntevorräte verbrannten vollständig. Ein der Brandstiftung verdächtigter junger Mann konnte schnell gefunden und verurteilt werden.

60 Jahre Volksmusik in Pfullingen wurden am 7. Juli 1963 gefeiert. Im Festzelt auf dem Hallenplatz sorgte der Musikverein für musikalische Unterhaltung.

Anlässlich der Feier „200 Jahre Höhere Schule in Pfullingen" (1763–1963) stellte sich das Lehrerkollegium des Progymnasiums 1963 dem Fotografen. Von links in der vorderen Reihe: Ernst Herzog, Lotte Quasebarth, Helmut Ilg, Helga Greiner, Emil Keuerleber, Julie Ade, Gerhard Kritter, Helga Scharnbeck, Gisela Scheffner. Hintere Reihe: Theo Götz (Ehrenbürger der Stadt Pfullingen), Lore Kober, Hellmut Fiechtner, Gerhard Junger, Ludwig Datzer, Horst Schwülchen. Es fehlt Frau von Samson-Himmelstjerna.

Bergfest auf der Wanne am 8. September 1963. Als Ehrengast konnten die Pfullinger Bürgerinnen und Bürger Kurt Georg Kiesinger (Mitte) begrüßen. Er war über acht Jahre Ministerpräsident von Baden Württemberg und von 1966 bis 1969 Bundeskanzler („Häuptling Silberzunge"). Ganz rechts sieht man Gerhard Böhmler (VfL-Vorstand), vor ihm Erich Barthold (CDU-Landtagsabgeordneter).

Anlässlich des zehnjährigen Bestehens des Trachtenvereins „Echaztaler" wurde vom 25. bis 27. Juli 1964 ein großes Trachtenfest veranstaltet. Der international besetzte Festzug, unter anderem mit Gruppen aus der Schweiz und Österreich, ging durch die Zeppelinstraße über den Lindenplatz bis zu den Pfullinger Hallen. Hier wurde das Fest in geselliger Runde fortgesetzt.

Bei der Jahreshauptversammlung Deutschen Lebensrettungsgesellschaft (DLRG), Ortsgruppe Pfullingen, überreichte Bürgermeister Kurt App (rechts) Hassan Hamade am 30. Januar 1965 die von Ministerpräsident Kiesinger verliehene Lebensrettungsmedaille des Landes Baden-Württemberg. Herr Hamade hatte ein Mädchen aus dem Schwimmbecken gerettet, obwohl er selbst in dieser Situation durch einen Gipsverband am Arm gehandikapt war.

Mit einem Festzug von der Martinskirche zum Hallenplatz wurde 1966 das 100. Jubiläum der Kinderkirche gefeiert. Hier sieht man die Kinder beim Spielen vor der Laiblinschule.

In der Nacht vom 19. zum 20. August 1966 brach ein schweres Unwetter mit elementarer Wucht über den Kreis Reutlingen und weite Teile des Landes herein. Der größte Erdrutsch ereignete sich am sogenannten Schleifer im Lindach. Die Erdmassen eines ein Hektar großen Geländes rutschten auf die Lindachstraße (heute Römerstraße). Ein Durchkommen war nicht mehr möglich. Die Gesamtschäden in Pfullingen beliefen sich auf über 200.000 Mark.

Über 150 Männer des „Liederkranzes" (gegr. 1837) und der „Eintracht" (gegr. 1904) sowie des Sängerbundes Unterhausen brachten am 22. September 1966 dem langjährigen Chorleiter des „Liederkranzes" Pfullingen ein Ständchen zu seinem 70. Geburtstag. Josef Holzer (kleines Bild) leitete den Chor seit 1925. Der „Liederkranz" konnte 1962 sein 125. Jubiläum feiern.

Am 2. August 1968 ereignete sich an der Kreuzung Marktstraße und Zeilstraße bei der Villa Landenberger dieser folgenschwere Unfall. Der Tanklastzug wollte von der Zeilstraße in die Marktstraße einbiegen. Dabei bemerkte der Lkw-Fahrer zu spät, dass auch die Straßenbahn auf dieser Seite verkehrt. Der Umbau der Straßenbahnschienen von der gegenüberliegenden Seite auf diese Seite lag erst einige Wochen zurück.

Einweihung der neuen Schlossschule in der Römerstraße. Der Gebäudekomplex mit einer 20 Klassen umfassenden Grund- und Hauptschule, einer Turnhalle, einem Gymnastiksaal, einer Stadtbücherei, einem Musiksaal und einer Hausmeisterwohnung konnte am 17. Oktober 1969 feierlich seiner Bestimmung übergeben werden.

Am 6. Dezember 1969 wurde der ehemalige Leichenkutscher und Autovermieter Alfred Jäck beerdigt. Ludwig Tröster fuhr den Sarg mit jener Leichenkutsche, die der Verstorbene selbst viele Jahre gelenkt hatte, auf den Friedhof.

Am 8. Januar 1971 rückte die Feuerwehr aus, um ein Feuer im Gebäude der Firma Uhren-Haid in der Kunstmühlestraße zu bekämpfen. Die Haid-Uhren waren weltweit bekannt und geschätzt. Der Betrieb fertigte Wohnraum-, Tisch-, Stil-, Wand-, Küchen- und Batterieuhren.

Zum Bergfest auf der Wanne am 12. September 1971 erschien auch Ministerpräsident Hans Filbinger (1966–1978).

Bürgermeister Kurt App konnte den Spielplatz Burgweg, der mit freiwilliger Hilfe zahlreicher Bewohner eingerichtet worden war, am 24. Oktober 1971 bei schönstem Wetter für die Kinder freigeben. Im Hintergrund sind Teile der am 17. Dezember 1966 eingeweihten Grundschule mit Kindergarten und Kleinturnhalle (Gesamtkosten 1,75 Millionen Mark) im Wohngebiet Burgweg zu erkennen.

Ein Großbrand zerstörte am 4. März 1972 einen beträchtlichen Teil der Türenwerkfabrik Schwab-Svedex GmbH in der Marktstraße 155 im Industriegebiet Arbach.

Dieser Unfall eines aus Heilbronn kommenden VW-Käfers ereignete sich am 26. April 1972. Der unbeschrankte Bahnübergang Zeilstraße hatte so seine Tücken.

Am 27. Mai 1973 fuhr dieser Sonderzug vom Hauptbahnhof Pfullingen nach Marburg an der Lahn zum Städtespiel „Spiel ohne Grenzen". Einige Pfullinger Vereine, darunter der Musikverein und der Schützenverein, sowie Privatpersonen unterstützten das Pfullinger Team.

Die Pfullinger Mannschaft in Marburg an der Lahn mit dem Pfullinger Wappen. Von links: Walter Kurrle, Hermann Mollenkopf, Stefan Frey, Walter Ziegelmüller, Albert Mollenkopf, Evelin Mollenkopf-Hild, Robert Röcker, Birgit Ensslin, Gerhard Walker, Gerd Böhmler, Heinz Benz, Walter Dehm, Wolfram Steinhilber, Eberhard Wolf, Wilhelm Haydt (verdeckt), Walter Walliser, Horst Rueß, Hans-Joachim Klug und Hubert Breckel.

Am 13. Dezember 1973 fand auf der Planie ein Protestmarsch für ein selbstverwaltetes Jugendzentrum statt. Die Demonstranten zogen von der Planie durch die Kirchstraße in die Klosterstraße. Am 26. Mai 1973 war schon einmal ein kleiner Proteststand vor dem Rathaus II aufgebaut worden.

Einweihung des neuen Schachfeldes im Stadtgarten, 1974.

Am 19. Oktober 1974 um 23.20 Uhr war es leider soweit: die letzte fahrplanmäßige Fahrt der Straßenbahn vom Karlsplatz (Reutlingen) nach Eningen und Pfullingen. Zu sehen ist der voll besetzte Triebwagen Nr. 35 an der Straßenkreuzung Marktstraße und Kurze Straße.

Am 30. Mai 1975 um 17.18 Uhr verließ der letzte Stückgutwaggon den Hauptbahnhof Pfullingen. Die Stadtkapelle spielte einen Trauermarsch von Chopin, als die Diesellok Nr. 260 512-9 losfuhr. Ein Kranz mit der Aufschrift „Letzter Gruß von der Güterabfertigung Pfullingen" war am Heck des letzten Waggons angebracht. Die eigentliche „Trauerrede" hielt Bundesbahn-Obersekretär Peter Rose, der als Reiseberater im Bahnhof arbeitete.

Eine große Menschenansammlung verfolgte vor dem Wickenhof in der Badstraße 5 den Abbruch der gegenüberliegenden Frontfassade (kleines Bild) des Firmengebäudes Lindener Samt (früher Firma Gebr. Burkhardt). Für die Abbrucharbeiten 17. April 1975 musste der Verkehr zeitweise unterbrochen werden.

Ein Infotag der Aktion „Lindenplatz-Partnerschaft" auf der Planie am 14. April 1976. Die Pfullinger Polizei, die im Hirschgebäude an der Ecke Planie und Kirchstraße untergebracht war, gewährte den Besuchern Einblicke in ihre tägliche Arbeit.

Kurz vor der Einweihung des Sport- und Freizeitparks am Schönberg machte °Bert Burgemeister am 18. Mai 1976 diese Luftaufnahme des damals noch unbebauten Neubaugebietes Ahlsberg III. Die Wohnblocks und Häuser im Gebiet Ahlsberg I und II standen schon. Am unteren Bildrand ist die Stuhlsteige zu erkennen.

Einige Flugsekunden weiter sieht man den neu angelegten Sport- und Freizeitpark am Schönberg mit Stadion, Hartplatz, Rasenplatz und zwei Kleinspielfeldern. Über dem hinteren Rasenplatz ist das Jakob-Albrecht-Haus zu sehen (vgl. Seite 35), dahinter die Tennisplätze der Tennisabteilung Pfullingen. Unten links erkennt man das Hochhaus der Strickwarenfabrik Gerhard Böhmler in der Gönninger Straße 99.

Einweihung des Stadions am Ahlsberg am 13. Juni 1976. Als Gegner der verstärkten Pfullinger Fußballmannschaft reiste der Bundesligist 1. FC Kaiserslautern an. An diesem herrlichen Tag zeigten die Fußballer ihr Können. Einige Tage später wurde vom 19. bis 27. Juni 1976 eine Sportwoche veranstaltet. Die sportlichen Wettkämpfe fanden im neuen Sportpark und im weiter unten liegenden Freibad statt.

Auf der Hochwiese Wanne konnte man beim Donauschwaben-Treffen 1977 verschiedene Darbietungen verfolgen. In den Jahren 1952 bis 1955 hatten sich viele Donauschwaben in Pfullingen niedergelassen. Sie kamen hauptsächlich aus den Gebieten Neu-Pasua (Syrmien), Schönborn (Bosnien), Surtschin (Syrmien) und Franzfeld (jugoslawisches Banat).

Früh morgens hielt ein Sonderzug im Hauptbahnhof Pfullingen. Selbst der Bahnübergang Schulstraße war einige Zeit für den Autoverkehr unpassierbar. Das Gymnasium machte am 9. Oktober 1979 einen Ausflug nach Konstanz.

Der Krämermarkt, der immer auf dem Platz der Planie stattfand, wurde am 1. März 1979 in die Kaiserstraße und die Schulstraße verlegt. Grund für die Verlegung waren die Bauarbeiten zur Neugestaltung der Stadtmitte, die bis 1983 andauerten.

Blick von der Theodor-Fischer-Straße auf das neue Trachtenvereinsheim „Echaztaler" mit Maibaum am 1. Mai 1979. Mit Unterstützung von 50 freiwilligen Helfern, die insgesamt 11.267 Arbeitsstunden leisteten, hatte man das Vereinsheim nach 21 Monaten Bauzeit fertiggestellt und am 14. Oktober 1976 eingeweiht.

Albert Burgemeister, bekannter Fotograf, ist am Dienstag im Alter von 74 Jahren gestorben. Er hatte vor mehr als dreißig Jahren das von seinem Vater im Jahr 1904 gegründete bekannte Fotogeschäft an der Pfullinger Marktstraße 33 übernommen, das sich unter seiner Leistung glänzend entwickelte. [...] auch diese Zeitung verdankt der jahrzehntelangen Mitarbeit Albert Burgemeisters und seines Ateliers eine Fülle von Bildberichten, seine fotografischen Beiträge waren schon vor langer Zeit zu einer Selbstverständlichkeit für „General-Anzeiger" und „Echaz-Bote" geworden. Wesentlich im Leben des bekannten Mannes war seine Heimatverbundenheit. So hat Albert Burgemeister ein bedeutendes Archiv Alt-Pfullinger Bilder angelegt, das seinen Namen bewahren wird.

Am 12. Februar 1980 verstarb Albert Burgemeister an einem Herzinfarkt. Die Aufnahme zeigt ihn, wie man ihn kannte: eine „Roth-Händle" ohne Filter zwischen den Fingern und seine „Leica" um den Hals getragen – so wurde jede wichtige Situation eingefangen. Nebenstehend ein Nachruf des „Reutlinger Generalanzeigers" vom 13. Februar 1980.

124

Die neu angelieferte Datenmaschine im Pfullinger Rathaus am 17. April 1980. Die Mehrwertsteuerabgaben im betrieblichen Rechnungswesen konnten mit diesem Gerät deutlich schneller bearbeitet werden. Auch das Rechnen, Buchen und Fakturieren gingen schneller von der Hand.

Die letzten zwei Schienenbusse vor dem Pfullinger Hauptbahnhof. Am 30. Mai 1980, es war ein verregneter Tag, wurde der fahrplanmäßige Personenzugverkehr von Reutlingen nach Pfullingen über Unterhausen und Honau auf die Schwäbische Alb eingestellt. Im kleinen Bild ist die letzte bezahlte Fahrkarte auf dieser Strecke abgebildet. Peter Kramer hat diese Karte zur Erinnerung an die letzte Fahrt, die eigentlich kostenlos war, gekauft.

Das Richtfest des Hallenbades in der Klemmenstraße feierte man am 18. Juli 1980, die Fertig-
stellung erfolgte am 19. Oktober 1981. Möglich wurde das neue Bad durch das Engagement der
1966 ins Leben gerufenen Bürgerinitiative „Förderverein Pfullinger Kleinschwimmhalle" sowie
durch Lotterien, Wettkämpfe verschiedener Vereine, Theateraufführungen und Sonderverkäufe.
Damit konnten 200.000 Mark gesammelt werden.

Blick aus einem Fenster des Rathauses II auf einige Zuschauer am Rathausbrunnen, die am 28.
November 1980 verschiedene Richtfestreden im Rahmen der Neugestaltung der Stadtmitte
verfolgten.

Blick vom Waldsportpfad „Wanne" auf Pfullingen. Im Vordergrund sind einige Häuser des Wohngebietes Ahlsberg zu sehen, auf der linken Seite der Georgenberg (602 m.ü.M.) und im Hintergrund rechts die Achalm (707 m.ü.M.).

Die Heimat entdecken!

Von Kiel bis Wien,
von Aachen bis Görlitz:
Entdecken Sie Alltagsgeschichten
aus Ihrer Heimatstadt!

Leben in der Großstadt ...

Tauchen Sie ein in das quirlige Großstadtleben vergangener Tage. Spazieren Sie über breite Boulevards und stürzen Sie sich ins Nachtleben. Erkunden Sie ihre Stadt durch die Fensterscheiben einer Straßenbahn oder des ersten Käfers und bewundern Sie prächtig geschmückte Schaufenster.

... und ländliche Idylle

Wie sah das Leben in Ihrer Heimat aus, als die Bauern noch mit Pferden pflügten und jedes Dorf seinen eigenen Schmied hatte, jeder noch jeden kannte und das Leben sich zwischen Kirche, Wirtshaus und Wohnküche abspielte?

Erinnerungen an die Schulzeit …

Erinnern Sie sich noch an die Zeiten von Abakus und Schiefertafel, an Klassenausflüge oder den ersten Taschenrechner? Blicken Sie zurück auf große Klassen und gestrenge Schulmeister, entdecken Sie auf Klassenfotos Freunde und Bekannte von früher!

... und das Arbeitsleben

Entdecken Sie, wie sich das Arbeitsleben in den letzten hundert Jahren verändert hat.
Werfen Sie einen Blick in Fabrikhallen, blicken Sie Handwerksmeistern bei ihrer Arbeit
über die Schulter und erinnern Sie sich an den Einkauf im Tante-Emma-Laden.

Gesellige Stunden im Verein …

Fußballclub und Schützenverein, Musikkapelle und Gesellenverein: Schauen Sie zurück auf Volksfeste und Turniere, Chorproben oder Prunksitzungen. Erinnern Sie sich an schöne Stunden und das gesellschaftliche Leben in Ihrer Heimat.

... und im Familienkreis

Werfen Sie einen Blick in die Wohnzimmer vergangener Tage und entdecken Sie, wie sich zwischen schweren Eichenmöbeln, Nierentischen und Ikea-Regalen der Alltag verändert hat. Erleben Sie Familienfeiern und Weihnachtsfeste im Wandel der Jahrzehnte mit.

Zeitfracht Medien GmbH
Ferdinand-Jühlke-Straße 7
99095 Erfurt, Deutschland
produktsicherheit@kolibri360.de

Druck:
CPI Druckdienstleistungen GmbH
im Auftrag der
Zeitfracht Medien GmbH
Ein Unternehmen der Zeitfracht - Gruppe
Ferdinand-Jühlke-Str. 7
99095 Erfurt